JN040612

副菜以上、主菜未満。

3品で整うふたりの食卓

上田淳子

目次

副菜以上、主菜未満 3品で晩ごはん

たんぱく質別
副菜以上、主菜未満

魚介の副菜以上、主菜未満

その他のたんぱく質の副菜以上、主菜未満

マークの説明

手や箸であえるなどの
火を使わないおかず

ガス火、IHで作るおかず

電子レンジ
オーブントースター
魚焼きグリルで作るおかず

この本の使い方

・小さじ1＝5mℓ、大さじ1＝15mℓ、カップ１＝200mℓです。
・この本の「塩１つまみ」は0.5ｇです。
・火加減は特に表示のない場合は「中火」です。
・レシピ上で野菜の「洗う」「皮をむく」「ヘタを取る」などは省略しています。
・レシピ上の「だし」は、昆布と削り節、または削り節でとった和風のだしです。市販のだしを使用する場合、塩が含まれているものは塩の量を控えてください。
・塩は特に表記のない限り、粗塩や自然塩を使用しています。精製塩を使う場合は、分量より少しだけ少なめにしてください。
・レシピ上の「しょうゆ」は濃口しょうゆ、「小麦粉」は薄力粉です。
・電子レンジは600Wの目安です。500Wのものは加熱時間を1.2倍、700Wの場合は0.8倍を目安にしてください。
・電子レンジ、オーブントースター、魚焼きグリルは機種によって加熱時間が異なります。取り扱い説明書に従い、様子を見ながら調整してください。

〝副菜以上、主菜未満〟ってどんなおかず？

- 主菜ほどボリュームがない
- 副菜よりも食べごたえがある
- 大人世代が積極的に食べたい肉、魚介などのたんぱく質が必ず入っている
- たんぱく質は、ベーコンやちくわなどの加工品でも。肉や魚より軽めになる
- 野菜は1種類か2種類。とりずらい海藻や乾物なども入れやすい
- 「炒めるだけ」「あえるだけ」「レンチンするだけ」……と、調理がシンプルなので作りやすい
- 素材が少ないから、調理しやすく、短時間で作れる
- 少し残った食材を使い切りやすい

大人世代の食卓には、さっとできる〝副菜以上、主菜未満〟がちょうどいい

息子二人が独立して夫婦二人暮らしになり、一番戸惑ったのが食事です。食べ盛りの息子二人がいるころのわが家では考えられないほど、食材が使いきれない。加えて、年齢と共に食べる量や食べたい料理も変化し、何を作っていいのかわからなくなってしまいました。息子たちがいたころは、彼らの食べたいものを優先していたので、作るのは「名のある主菜+副菜1～2品+汁物」のような一汁二～三菜の献立。でも、これって私たち世代には量が多すぎるのです。とはいえ、いろいろな味を食べたいから、品数はある程度欲しい。夫はまだ肉をガッツリ食べたいようだけど、自分はもうそこまで食べられない。晩酌したい夫とご飯を食べたい妻。どちらかが我慢するのは仕方ないのかなぁ……。

そんな悩みを持ちつつ半年ほど経ったとき、気づいたのです。

いわゆる一汁三菜などの昔ながらの「献立」って、今の私たちにはいらないのでは？ 60歳すぎの夫婦には、主菜ほど大きくなく、作るのが簡単で副菜よりボリュームのあるおかずが3品ほどあれば十分！と。

3品あれば、お互いの食べたいものを何かしら入れることができるため、二人とも我慢せずにすみます。残っている野菜を使いきることも、海藻や豆製品などの食材を入れることもできます。3品あれば食卓がにぎやかになり、手を抜いているという罪悪感もありません。

ひと皿の分量としては大体一人分なので、ひとり暮らしならば1品か2品でＯＫ。食事に悩む60歳からの大人世代におすすめします。

〝副菜以上、主菜未満〟のいいところ

その1「栄養バランスがとりやすい」

たんぱく質＋野菜のおかずを
3品作るということは、
少なくても6つの食材を使うことができます。
だから、海藻や納豆、厚揚げなどの
大豆製品も取り入れやすい！

動物性たんぱく質

鶏肉とかぶ　酒と塩でレンジ蒸しに

（作り方62ページ）

海藻

ちくわとわかめとミニトマト

ごま酢であえて

（作り方１１２ページ）

大豆製品

厚揚げとしめじ　みそで炒めて

（作り方94ページ）

その2「いろいろな味を食べられる」

3品あるとしょうゆ味、みそ味、塩味、
マヨネーズ味……と、
いろいろな味を食べることができます。
そのため、大きなおかず1つよりも、
飽きずにおいしく食べられます。

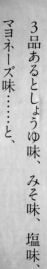

塩味

たらことにんじん
たらこ味で炒めて
（作り方１０６ページ）

酢味

桜えびと春菊
ドレッシングでサラダに
（作り方１１１ページ）

甘辛しょうゆ味

豚肉と大根
甘辛しょうゆ味で煮て
（作り方52ページ）

その3「作るのがラク」

1品に使う食材が少ないので、
切るのも、加熱もラクチン。
3品の中に火を使わない料理や
レンジやグリルなどの
調理器具におまかせできるおかずを
1品入れれば、
さらに作業がスムーズです。

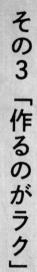

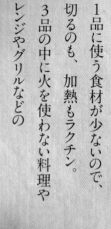

あえる
たいの刺し身とトマト レモン汁であえて

（作り方70ページ）

焼く
ベーコンとズッキーニ クミンで焼いて

（作り方116ページ）

煮る
豚肉とキャベツ

ビネガーで煮て

（作り方50ページ）

私はこんな風に今日食べるものを決めています

ある日の私の晩ごはんの決め方をご紹介します。

ポイントは、料理名で考えないこと。まずは**「何を食べたいか?」**気分や冷蔵庫と相談して食材を決めます。

次に**「どう食べたいか?」**何味で、どんな調理法で食べたいかを考えます。

この本では、そんな気持ちで作る料理を選んで欲しいので、**料理名は「食材＋食材」「何味でどんな調理法で」**にしています。

1 冷蔵庫に鶏もも肉あり!

甘辛い味のおかずが食べたいので、
フライパンで焼いた鶏肉の照り焼きを作ろう。

←

「鶏肉とししとう　甘辛しょうゆ味で焼いて」

2
もう1品は
さっぱりしたものが欲しい

梅干しであえたものがいいな。
長いもなら火を使わずにすみ、作るのも楽だし。

「しらすと長いも　梅干しであえて」

3
あとは葉物が食べたいな

2品が和風なので、合うおかずというと……
小松菜と油揚げを煮た、定番の煮びたしに決定！

「油揚げと小松菜　だしで煮て」

〝副菜以上、主菜未満〟をたんぱく質別に3つに分けて考えましょう

「元気なシニアは肉好き」と聞いたことはありませんか？

歳をとると必要なカロリーは減りますが、必要なたんぱく質量は変わりません。

逆に歳をとったからこそ、たんぱく質もきちんと食べたほうがいいといわれています。

そこで、〝副菜以上、主菜未満〟には必ずたんぱく質を入れることにし、3つの項目に分類しました。
1、2、3を意識すると、3品セットにするとき、考えやすいのです。2品セットでも同じです。

肉 1

牛肉

豚肉

鶏肉

ひき肉

2 魚介

切り身魚

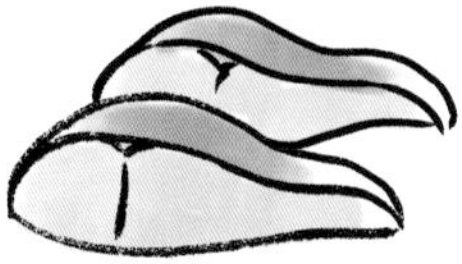

えび、たこ、いか

刺し身

ツナ缶、さば缶、ほたて缶などの缶詰

塩さばなどの干物

3 その他のたんぱく質

大豆&大豆製品

（大豆、枝豆、豆腐、油揚げ、厚揚げ、おから、高野豆腐、納豆）

魚介の加工品

（桜えび、ちりめんじゃこ、しらす、たらこ、ちくわ、さつま揚げ）

肉の加工品

（ソーセージ、ベーコン、ハム、コンビーフ）

卵

3品の組み合わせ方

今日のおかずは「食べたいものを食べたい味」で決めればいいのです。

でも、もし思いつかないときには次の方法で決めるのもありです。

この方法で考えると、程よい量で、無理せず、ある程度栄養バランスよく食べることができます。

基本

1肉の
副菜以上、主菜未満

または

2魚介の
副菜以上、主菜未満

＋

3その他の
副菜以上、主菜未満

＋

3その他の
副菜以上、主菜未満

しっかり食べたいとき

1肉の
副菜以上、主菜未満

＋

2魚介の
副菜以上、主菜未満

＋

3その他の
副菜以上、主菜未満

買い物に行きたくないとき

3その他の
副菜以上、主菜未満

＋

3その他の
副菜以上、主菜未満

＋

3その他の
副菜以上、主菜未満

14〜15ページで紹介した料理の作り方

鶏肉ししとう
甘辛しょうゆ味で焼いて

材料（2人分）

鶏もも肉…½枚（150ｇ）：**6等分に切る**
ししとうがらし…10本（40ｇ）
サラダ油…小さじ１
Ａしょうゆ、みりん…各大さじ１
└砂糖…小さじ１

作り方 ❶フライパンにサラダ油を入れ、鶏肉の皮目を下にしてのせ、中火にかける。皮目に焼き色がついたら返し、ししとうを加え、鶏肉にほぼ火が通ったら火を止め、具を端に寄せてペーパータオルで脂をふく。
❷Ａを加えてしっかり煮立て、全体に煮からめる。

しらすと長いも
梅干しであえて

材料（2人分）

しらす干し…20ｇ
長いも…150ｇ：**皮をむき、ビニール袋に入れて軽くたたきつぶす**
青じそ…２枚：**細切り**
梅干し…大１個（正味20ｇ）：**種を取り、たたく**

作り方 ❶ボウルに梅干しを入れ、長いもを加えてよく混ぜ、器に盛る。
❷しらす、青じそを混ぜ、①にのせる。

油揚げと小松菜
だしで煮て

材料（2人分）

油揚げ…１枚：**油抜きをし、細切り**
小松菜…１束（200ｇ）：**5㎝長さに切る**
だし…カップ¾
しょうゆ、みりん…各大さじ１

作り方 ❶鍋に材料すべてを入れて中火にかけ、煮立ったら全体がしんなりするまで1分ほど煮る。

MEMO 冷めるときに味が染みる煮ものを先に作り、焼きもの、梅干しあえの順に仕上げます。

副菜以上、主菜未満
3品で晩ごはん

簡単に作れるおかずばかりでも、
3品揃うと、
満足のいく食卓になります。
紹介したのは、
うちでもおなじみの3品セット。
まずは、そのまま作ってみてください。

同時進行で3品作るポイント

3品を同時進行で作るときの効率のよい作り方を、24ページで紹介するセットを例に挙げてご紹介します。

コツをつかめば、どんなセットにも応用できます。

1 材料をすべて調理台に準備

食材はもちろん、調味料や包丁などの道具もすべて出しておくと、作業がスムーズ。

2 まずは「下ごしらえ」！

中でも、乾物をもどす、下味をつけておくなど時間のかかるものを最初に行う。

厚揚げの油抜きなどもここで。

厚揚げは粗熱がとれたらちぎる。

3
「切る」ものは、いっぺんに！

4
「下ごしらえ」の中でも、肉を使うものは最後に

5
「下ごしらえ」が終わってから「加熱」へ

6
水けが出る「あえもの」は最後に

3品で使う材料はすべて先に切る。野菜のほかに肉も切る場合は、野菜を先に切り、最後に肉を切ると、包丁やまな板が汚れず、途中で洗う必要がない。

↙

「肉で野菜を巻く」などは、野菜を切った後のまな板で行うとよい。また、下ゆでするものが複数ある場合は、湯が汚れない順（野菜→肉）に同じ湯でゆでる。

↖

加熱するものが複数ある場合は、煮るものなど時間のかかるものから先にとりかかる。

↓

時間がかからないものは後から加熱する。アツアツを食べたい揚げ物なども後にするとよい。

↖

時間が経つと水けが出る「あえもの」などは、最後に仕上げる。

1日目 体にいい素材をしみじみ味わいたい日のセット

かにかまとわかめ
三杯酢風味であえて

材料（2人分）

かに風味かまぼこ…4本：**割く**

カットわかめ…大さじ1：**水でもどし、水けをしぼる**

きゅうり…½本：**短冊切り**

貝割れ菜…½パック：**根を切り、半分に切る**

A 酢、しょうゆ…各大さじ½
　砂糖…1つまみ

作り方 1 大きめのボウルにAを入れてよく混ぜる。
2 ①に材料すべてを入れ、あえる。

厚揚げとひじき
ごましょうゆ味で煮て

材料（2人分）

厚揚げ…1枚（180g）：**油抜きし、食べやすくちぎる**

芽ひじき…大さじ2（5g）：**水でもどし、水けをしぼる**

サラダ油…小さじ1

A だし…カップ¼
　しょうゆ、みりん…各大さじ1
　砂糖…小さじ1

白すりごま…大さじ2

作り方 1 鍋にサラダ油を熱し、ひじきを入れて中火でさっと炒め、厚揚げを加えて炒め合わせる。
2 Aを加えてふたをし、煮立ったら弱火にして8分ほど煮る。ふたを取り、中火でときどき混ぜながら煮汁を煮とばし、ごまを入れて混ぜる。

豚肉とトマト
巻いて焼いて塩味で

材料（2人分）

豚ロース薄切り肉…6枚（120g）

トマト…1個（150g）：**6等分のくし形切り**

塩、こしょう…各少量

オリーブ油…大さじ½

作り方 1 まな板に豚肉を広げ、塩、こしょうをふり、手前にトマトをおいてくるくるとしっかり巻く。
2 フライパンにオリーブ油を熱し、①の巻き終わりを下にして並べ、ふたをして強めの中火で1分蒸し焼きにし、返してふたをしないで1～2分、豚肉に火が通るまで焼く。

MEMO 厚揚げの煮ものがすりごまをきかせたしょうゆ味なので、さっぱり味のあえもの、塩味の焼きものを添えて。

2日目 魚介をさっぱりと食べたい日のセット

ツナとにんじん
塩ごまでナムルに

材料（2人分）

ツナ缶…小１缶（70ｇ）**：缶汁をきる**

にんじん…小１本（130ｇ）**：スライサーで細切り**

おろしにんにく…少量

白すりごま…大さじ2

塩…２つまみ

こしょう…少量

ごま油…大さじ½

作り方 ❶ 耐熱容器ににんじんを入れ、ラップをかけて電子レンジで1分30秒加熱する。ラップをはずして粗熱をとり、水けを軽くしぼる。

❷ ボウルに①、他の材料を入れ、あえる。

いかときゅうり
ピリ辛く塩味で炒めて

材料（2人分）

いか…１ぱい（150ｇ・正味100ｇ）**：皮をむいて輪切り**

きゅうり…１½本**：皮を縞目にむき、乱切り**

長ねぎのみじん切り…大さじ2

しょうがのみじん切り…小さじ1

赤とうがらし（好みで）…少量**：種を取り、輪切り**

ごま油…大さじ½

塩…２つまみ

作り方 ❶ フライパンにごま油、しょうが、赤とうがらしを入れて中火で炒め、香りが出てきたらきゅうりを入れてさっと炒め、塩をふる。

❷ いか、長ねぎを順に加え、さっと炒めていかに火を通す。

豆腐と貝割れとザーサイ
しょうゆ味の冷ややっこに

材料（2人分）

豆腐…１丁（300ｇ）**：4等分に切る**

貝割れ菜…½パック**：根を切り、半分に切る**

ザーサイ…20ｇ**：細く切る**

しょうゆ…少量

作り方 ❶ 器に豆腐を盛り、貝割れ菜、ザーサイをのせ、しょうゆをかける。

MEMO まず、ツナとにんじんを作り、いかときゅうりを炒め合わせ、やっこは最後に盛り合わせます。

3日目 洋食おかずで ワインを飲みたい日のセット

⊛ 大豆とソーセージ
トマト味で煮て

材料（2人分）

大豆水煮…100ｇ：**汁けをきる**
ソーセージ…４本（70ｇ）
にんにく…小１かけ：**粗く刻む**
カットトマト缶…½缶（200ｇ）
オリーブ油…小さじ２
塩、こしょう…各少量

作り方 ❶フライパンにオリーブ油、にんにくを入れて中火で炒め、香りが出てきたらソーセージを軽く炒める。

❷大豆、トマト缶を入れ、煮立ったら弱火にし、ふたをして5分ほど煮る。塩、こしょうで味を調え、中火にして好みの加減に煮る。

⊛ しらすとブロッコリー
にんにくで炒めて

材料（2人分）

しらす干し…40ｇ
ブロッコリー…６房（70ｇ）：**1房を2～4つに切る**
にんにく…１かけ：**薄切り**
赤とうがらし…１本：**種を取り、輪切り**
オリーブ油…大さじ２

作り方 ❶小さなフライパンににんにく、赤とうがらし、オリーブ油、ブロッコリーを入れ、中火にかける。ブロッコリーをときどき転がしながら火が通るまで3分ほど加熱する。

❷仕上げにしらすを加え、さっと温める。

粉チーズとレタス
チーズマヨをかけて

材料（2人分）

レタス…３枚（100ｇ）：**ちぎり、水に5分つけて水けをきる**
Ａマヨネーズ…小さじ２
└粉チーズ、酢、オリーブ油…各小さじ１
ミックスナッツ（無塩）…大さじ１：**刻む**

作り方 ❶ボウルにＡを入れ、混ぜ合わせる。

❷食べる直前に①にレタスを加えて全体を混ぜる。器に盛り、ナッツを散らし、粉チーズ適量（分量外）をふる。

MEMO カリッと焼いたパンを添えると、さらに食が進む。トマト煮やしらすとブロッコリーをのせて食べるのもおすすめ。

4日目 おいしそうないわしが手に入った日のセット

いわしとパプリカ
ハーブ&塩で焼いて

材料(2人分)

いわし…2尾 **:頭とワタを取り、下ごしらえする**
赤パプリカ…1個(150g) **:食べやすく切る**
ローズマリー…2枝
オリーブ油…大さじ1

下ごしらえ:いわしは塩小さじ½(分量外)をすり込んで5分ほどおき、水洗いして水けをふく。

作り方 ❶魚焼きグリルにアルミ箔を敷き、ローズマリーをおいていわしをのせ、パプリカを並べる。オリーブ油を全体にかけ、10分ほど焼く。

おからときゅうり
マヨネーズであえて

材料(2人分)

おから…100g **:ほぐす**
きゅうり…½本 **:薄く切り、下ごしらえする**
玉ねぎ…⅙個分 **:薄く切り、下ごしらえする**
A マヨネーズ…大さじ3
　プレーンヨーグルト(無糖)…大さじ1
　酢、オリーブ油…各小さじ1

下ごしらえ:きゅうりと玉ねぎは、それぞれ塩少量(分量外)でもんで少しおき、水洗いして水けをしぼる。

作り方 ❶耐熱ボウルにおからを入れ、ラップをかけて電子レンジで1分30秒加熱し、冷ます。
❷①にA、きゅうり、玉ねぎを加え、よく混ぜる。

ハムとじゃがいも
塩こしょうで炒めて

材料(2人分)

じゃがいも…大1個(200g) **:スライサーでせん切り、下ごしらえする**
ハム…3枚(40g) **:細切り**
サラダ油…大さじ½
塩…2つまみ
こしょう…少量
粗びき黒こしょう…適量

下ごしらえ:じゃがいもは水にさらし、水を何回か替え、水けをきる。

作り方 ❶フライパンにサラダ油を熱し、じゃがいも、ハムを中火で1分ほど炒める。
❷塩、こしょうをふり、炒め合わせる。器に盛り、粗びき黒こしょうをふる。

MEMO いわしの代わりに干物で作っても。

5日目
居酒屋風のおかずを食べたい日のセット

納豆と長いも
納豆のたれであえて

材料（2人分）
納豆…１パック
長いも…150ｇ：**1.5㎝角に切る**
のり…¼枚：**ちぎる**

作り方 1 ボウルに長いも、納豆、納豆に添付のたれを入れ、混ぜる。
2 器に盛り、のりを散らす。

鶏肉としいたけとねぎ
しょうゆだれで焼き鳥風に

材料（2人分）
鶏もも肉…½枚（150g）：**６等分に切る**
しいたけ…４枚：**石づきを取り、縦半分に切る**
長ねぎ…１本（100ｇ）：**３～４㎝長さに切る**
サラダ油…小さじ１
Ａしょうゆ、みりん…各大さじ１
└砂糖…小さじ１

作り方 1 フライパンにサラダ油を入れ、鶏肉の皮目を下にして並べ、周りにしいたけ、長ねぎを並べ、中火にかける。鶏肉にこんがり焼き目がついたら返す。ほぼ火が通ったら火を止め、端に寄せる。
2 空いたところにＡを入れ、中火にかけて全体に煮からめる。

しらすと白菜
ポン酢でサラダに

材料（2人分）
しらす干し…30ｇ
白菜…150ｇ：**横に細く切り、下ごしらえする**
Ａポン酢、 オリーブ油…各大さじ１
白いりごま…大さじ１
下ごしらえ：白菜は水に５分ほどさらし、水けをきる。
作り方 1 器に白菜としらすを盛り、混ぜ合わせたＡをかけ、ごまを散らす。

MEMO 火を使うおかず１品だけのラクチンセット。白菜、長いもは切り方にこだわると食感も楽しい。

6日目
あさりをおいしく食べたい日のセット

あさりとレタス
しょうがと酒で煮て

材料（2人分）

あさり…10個 **：塩水につけて砂出しし、殻をこすり洗う**

レタス…½個分（200ｇ）**：食べやすくちぎる**

しょうがの薄切り…２枚

酒…大さじ２

作り方 ❶鍋にあさり、しょうが、酒を入れ、ふたをして強めの中火にかける。

❷煮立ったらさらに1分ほど加熱し、あさりの口が開いたらレタスを加えてさっと煮る。

ハムときのこ
粒マスタードでマリネして

材料（2人分）

ハム…３枚 **：食べやすく切る**

しいたけ…２枚 **：石づきを取り、厚めに切る**

しめじ…小１パック（100ｇ）**：石づきを取り、ほぐす**

A 酢…大さじ½
粒マスタード、オリーブ油…各大さじ１
塩、こしょう…各少量

作り方 ❶耐熱ボウルにきのこ類を入れ、ラップをかけて電子レンジで2分加熱し、水けをきる。

❷ボウルにAを入れて混ぜ、①、ハムを加えてあえる。

合いびき肉とカリフラワー
カレー粉で炒めて

材料（2人分）

合いびき肉…100ｇ

カリフラワー…½株（200ｇ）**：小房に分ける**

オリーブ油、カレー粉…各小さじ１

塩…適量

作り方 ❶フライパンにオリーブ油を熱し、カリフラワー、水大さじ2を入れ、ふたをして中火にかけ、煮立ったら2〜3分蒸し煮にする。塩2つまみをふり、カリフラワーを端に寄せる。

❷空いたところにひき肉を入れ、塩2つまみをふり、ほぐすように中火で炒める。ひき肉に火が通ったら、カレー粉を加えて全体に混ぜる。

MEMO あさりのだしがきいた料理に、カレー味、粒マスタード味のおかず2品で味のバランスばっちり。

7日目
残っている白菜を使いきりたい日のセット

MEMO 中華風のおかずセットです。豚肉と白菜→ツナとセロリ→卵とトマトの順に作ります。

豚肉と白菜
豆板醤をきかせたスープに

材料(2人分)

豚こま切れ肉…100ｇ：**細かく切る**
白菜…250ｇ：**1.5㎝幅に切る**
長ねぎのみじん切り…小さじ2
しょうがのみじん切り…小さじ1
ごま油…大さじ½
豆板醤…小さじ¼
鶏がらスープの素(顆粒)…小さじ2
A 酢…大さじ1
　塩、こしょう…各少量
水溶き片栗粉
　[片栗粉…大さじ1　水…大さじ2]
ラー油…適量

作り方 ❶鍋にごま油、豆板醤、長ねぎ、しょうがを入れ、中火で炒める。香りが出てきたら豚肉を入れてさっと炒める。
❷白菜、水カップ1½、鶏がらスープの素を加え、煮立ったら弱火にして5分ほど煮る。
❸Aで味を調え、水溶き片栗粉でとろみをつける。器に盛り、好みでラー油をかける。

ツナとセロリ
マヨネーズであえて

材料(2人分)

ツナ缶…小1缶(70ｇ)：**缶汁をきる**
セロリ…1本：**5㎝長さの薄切り**
マヨネーズ…大さじ1½
ピーナッツの粗みじん切り…大さじ2
こしょう…少量

作り方 ❶ボウルにピーナッツ以外を入れ、あえる。
❷器に①を盛り、ピーナッツを散らす。

卵とトマト
しょうがと塩で炒めて

材料(2人分)

卵…2個：**溶きほぐし、塩、こしょう各少量(分量外)をふる**
トマト…大1個(200ｇ)：**食べやすく切る**
しょうがのみじん切り…小さじ1
ごま油…大さじ1

作り方 ❶フライパンにごま油を入れて強めの中火にかけ、熱くなったら卵液を入れて大きく混ぜ、とろりとしたら取り出す。
❷①のフライパンにトマト、しょうがを入れて中火でさっと炒めて火を止め、①を戻して手早く混ぜる。

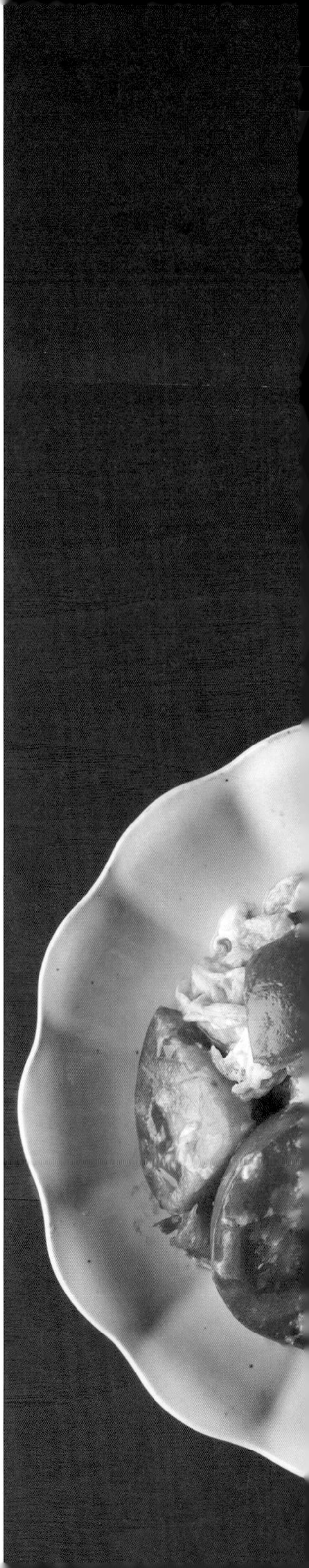

8日目
刺し身を韓国風に味わいたい日のセット

油揚げと大根と三つ葉

ゆずこしょうであえて

材料（2人分）

油揚げ…１枚

大根…７㎝（50ｇ）**：ピーラーで薄切り**

三つ葉…１束（50ｇ）**：根を切り、４㎝長さに切る**

Ａ ゆずこしょう…適量
　塩…少量
　酢…大さじ½
　サラダ油…大さじ１

作り方 **1** 油揚げは魚焼きグリルまたはオーブントースターでカリッと焼き、短冊切りにする。

2 ボウルにＡを入れて混ぜ、①、大根、三つ葉を加えてあえる。

牛肉とじゃがいも

甘辛しょうゆ味で煮て

材料（2人分）

牛こま切れ肉…100ｇ

じゃがいも…２個（300ｇ）**：ひと口大に切る**

サラダ油…小さじ１

Ａ 酒…大さじ２
　しょうゆ、みりん、砂糖…各大さじ１

長ねぎ…適量**：小口切り**

作り方 **1** 鍋にサラダ油を熱し、じゃがいもを中火で軽く炒める。

2 ①の上に牛肉を広げ、Ａを全体にかけ、水カップ¼を加え、中火にかける。煮立ってきたらふたをし、弱めの中火で8分ほど、じゃがいもがやわらかくなるまで煮る。途中、一度全体を混ぜる。仕上げに、煮汁を軽く煮詰める。

3 器に盛り、長ねぎをのせる。

まぐろときゅうり

コチュジャンでユッケ風に

材料（2人分）

まぐろ（刺し身）…６切れ

きゅうり…１本**：４㎝長さの薄切り**

Ａ 長ねぎのみじん切り…大さじ１
　しょうがのみじん切り…小さじ１
　コチュジャン、しょうゆ、ごま油…各小さじ１

作り方 **1** ボウルにＡを入れて混ぜ、まぐろを加えてさらに混ぜる。

2 器にきゅうりを敷き、①をのせる。

MEMO 煮ものを煮ている間に、他の2品を仕上げて。

9日目 クリーム系の味を楽しみたい日のセット

鶏肉と長ねぎ
クリームで煮て

材料（2人分）

鶏もも肉（皮なし）…½枚（150ｇ）：**6等分に切り、下ごしらえする**

長ねぎ…２本：**1㎝幅の斜め切り**

サラダ油…小さじ１

白ワイン…カップ¼

生クリーム…カップ½

塩、こしょう…各少量

下ごしらえ：鶏もも肉は塩2つまみ、こしょう少量（各分量外）をすり込む。

作り方 1 鍋にサラダ油を熱し、鶏肉を入れて表面の色が変わるまで中火でさっと炒める。

2 長ねぎ、白ワインを加え、ワインをしっかり沸かし、水カップ½を加え、ふたをして5分蒸し煮にする。

3 生クリームを加え、煮汁がとろりとするまで1〜2分煮て、塩、こしょうで味を調える。

大豆とにんじん
カレー粉でサラダに

材料（2人分）

大豆水煮…100ｇ：**汁けをきる**

にんじん…小１本（130g）：**スライサーで細切り**

A カレー粉…小さじ１弱
- 塩…２〜３つまみ
- レモン汁…小さじ２
- サラダ油 …大さじ１½

作り方 1 ボウルにAを入れて混ぜ、にんじん、大豆を加えてあえる。しんなりするまでしばらくおく。

コンビーフとキャベツ
塩こしょうで炒めて

材料（2人分）

コンビーフ…1缶（80ｇ）：**軽くほぐす**

キャベツ…250ｇ：**ひと口大に切る**

サラダ油…小さじ１

塩…２つまみ

こしょう…少量

粗びき黒こしょう…適量

作り方 1 フライパンにサラダ油を入れ、コンビーフを全体に広げる。その上にキャベツをのせ、塩、こしょうをふり、ふたをして中火にかける。熱くなったらそのまま3〜5分加熱する。

2 全体を混ぜて器に盛り、粗びき黒こしょうをふる。

MEMO クリーム煮に、塩味の炒めものとサラダを合わせ食感と味のバランスよく！

10日目
黒酢味のおかずが食べたい日のセット

たらことリーフレタス
たらこドレッシングのサラダに

材料（2人分）

リーフレタス…100ｇ：**ちぎり、下ごしらえする**

Aたらこ…½腹（50ｇ）：**ほぐす**
　塩、こしょう…各少量
　酢…小さじ2
　サラダ油…大さじ½

下ごしらえ：リーフレタスは水に5分ほどつけ、水けをきる。

作り方 1 Aを混ぜ合わせる。

2 器にリーフレタスを盛り、①をかける。

生ハムとミニトマト
素材の味で春巻きに

材料（2人分）

春巻きの皮…２枚：**1枚を3等分に切る**

ミニトマト…６個：**ヘタを取る**

生ハム…６枚

揚げ油…適量

作り方 1 ミニトマトに生ハムを巻き、春巻きの皮を全体に巻きつけ、縁に水をつけてしっかり留め、手で軽く握って形を整える。

2 180℃の揚げ油に①を入れて１～２分揚げる。好みで粗塩、こしょうををふる。

手羽中とれんこん
黒酢で炒めて

材料（2人分）

手羽中…８本

れんこん…150ｇ：**食べやすく切る**

ごま油…小さじ1

A黒酢…大さじ2½
　しょうゆ…大さじ1

作り方 1 フライパンにごま油を熱して手羽中を並べ、中火で3分焼く。手羽中にこんがりした焼き目がついたられんこん、水カップ⅓を加え、ふたをして3分ほど蒸し煮にする。

2 Aを加えてよく混ぜ、水分がほぼなくなるまで炒める。

MEMO ときどきは揚げ物も！　冷めてもおいしい炒めものとドレッシングにこだわったサラダを添えて。

塩の話・だしの話

column

この本で紹介している大人世代の2人分は、1品が通常の1人分くらいです。今まで4人分、もしくはそれ以上の分量を作っていた方にとって、少ない分量の味つけはなかなか難しいもの。そこで、味つけの基本である「塩とだし」の話を少し。

自分の「塩1つまみ」を計ってみよう

「1つまみ」は、親指、人差し指、中指の3本指でつまんだ量のことで、一般的には「1g」程度といわれます。でも、実際にやってみたら、私の1つまみは0.5gくらい！　人によって指の大きさが違うのですから、誤差が生じるのは当たり前。大切なのは「自分の1つまみ」を知っておくことです。そうすれば、「うちのあれ！」がいつでもおいしく作れます。また、塩小さじ½としょうゆ大さじ1の塩分量はだいたい同じということも覚えておきましょう。

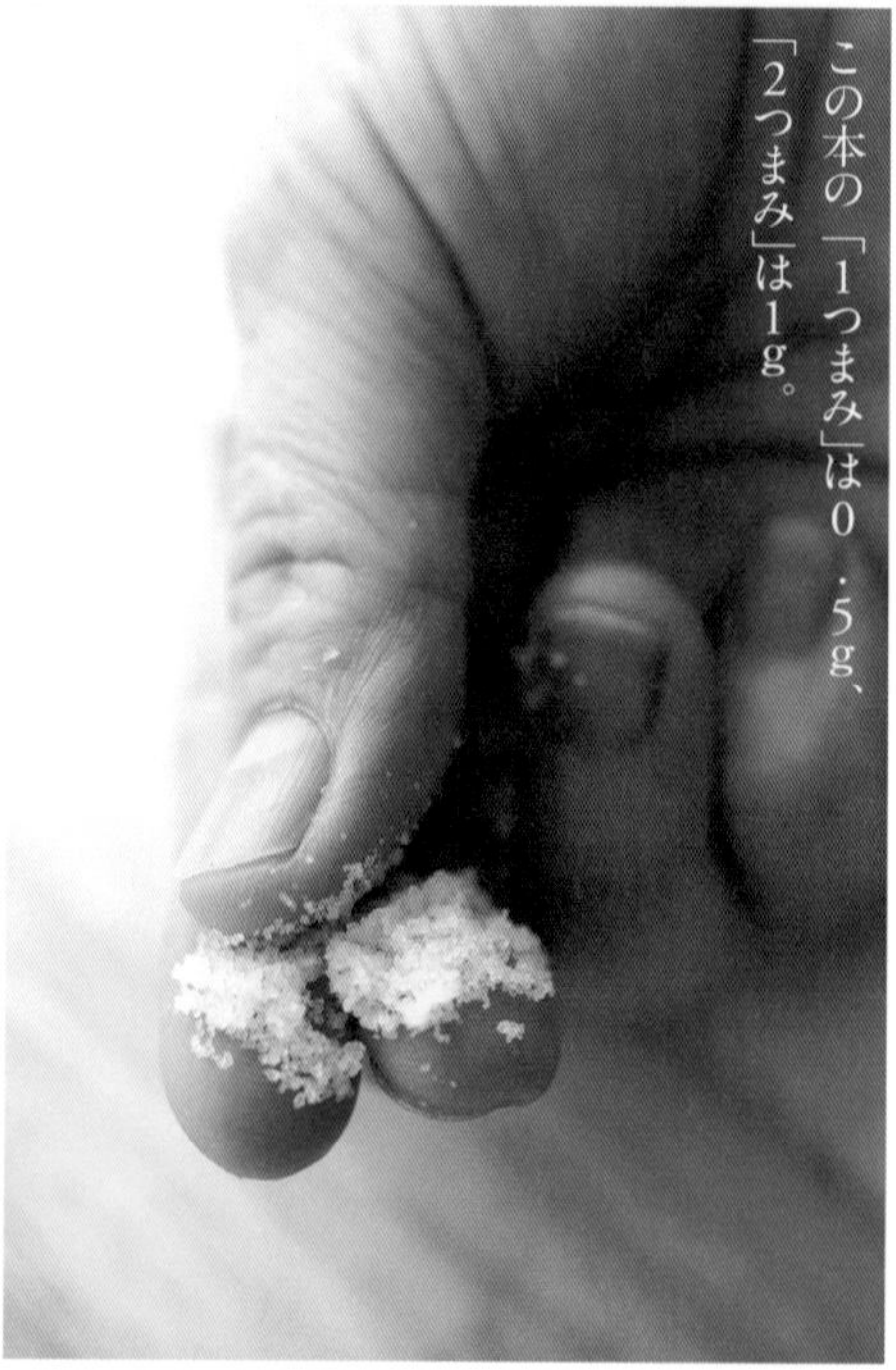

この本の「1つまみ」は0.5g、「2つまみ」は1g。

少量のだしは、熱湯を注いでとる

昆布と削り節でとっただしのおいしさは、何物にも代えがたいもの。でも、おひたしや煮びたしを1人分作るために（1人分はみそ汁でさえ、カップ1程度）、だしをとるのはやはり面倒。そこで提案するのが、熱湯でだしをとる方法です。耐熱容器に削り節を入れて熱湯を注ぐだけ（熱湯カップ1に対し、削り節1パック＝4gくらい）。5分ほどおいて茶濾しで濾せば完成です。耐熱容器に削り節と水を入れ、電子レンジで加熱してもOKです。

だしのうまみには、塩分量が少なくても「おいしい」と感じる効果が。

たんぱく質別
副菜以上、主菜未満

食べたいたんぱく質から選べるよう、
肉、魚介、それ以外のたんぱく質別に
ご紹介します。
3品セットにするときも、
ここから1つ……という具合に
引いて組み合わせてください。

肉の副菜以上、主菜未満

肉と野菜を組み合わせたおかずです。
肉と合わせると、そのうまみで
野菜がおいしく食べられます。
1つの料理に肉は
100~150gが目安です。

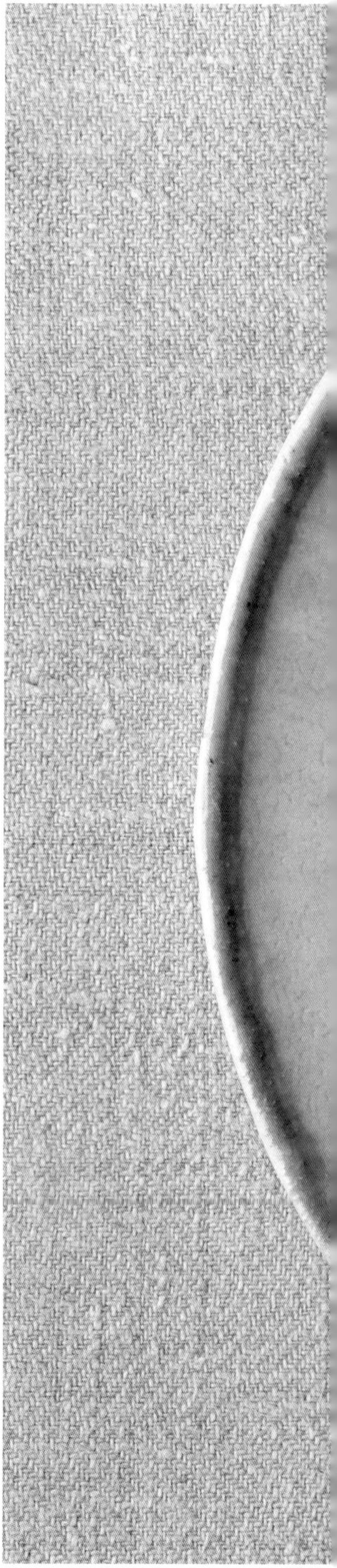

牛肉とセロリ

⊛ 粉山椒で炒めて

材料(2人分)
牛薄切り肉…100g：**食べやすく切り、下ごしらえする**
セロリ…1本(100g)：**斜め薄切り**
セロリの葉…1本分：**細切り**
サラダ油…小さじ1
塩…2つまみ
粉山椒…適量

下ごしらえ：牛肉は塩2つまみ、こしょう少量(各分量外)をふる。

作り方 ❶フライパンにサラダ油を熱して牛肉を入れ、強めの中火でさっと炒め、取り出す。
❷①のフライパンにセロリを入れ、強めの中火でさっと炒め、塩をふり、①の牛肉、セロリの葉を入れて全体を炒め合わせる。器に盛り、粉山椒をたっぷりふる。

MEMO セロリは葉っぱも残さず使いきり！　山椒はたっぷりふると、スーッとした辛さが後を引きます。

牛肉とししとう オイスターソースで炒めて

材料（2人分）
牛薄切り肉…100g：**食べやすく切り、下ごしらえする**
ししとうがらし…10本
ごま油…小さじ1
オイスターソース…小さじ2
下ごしらえ：牛肉は塩2つまみ、こしょう少量（各分量外）をふる。
作り方 ❶フライパンにごま油を熱し、ししとう、牛肉を入れ、牛肉をほぐしながらほぼ火が通るまで炒める。
❷オイスターソースを加え、全体にさっとからめる。

MEMO包丁いらずで作れる、炒めものです。味つけはオイスターソースのみでシンプルに。

牛肉とアボカド

ナンプラーであえて

材料(2人分)

牛薄切り肉…100ｇ

アボカド…１個：**スプーンで取り出す**

玉ねぎ…¼個(50ｇ)：**極薄く切り、下ごしらえする**

パクチー…小２株：**3㎝長さに切る**

Ａレモン汁…大さじ１

└ナンプラー…小さじ１

チリパウダー(または一味とうがらし)…適量

下ごしらえ：玉ねぎは水にさらし、水けをしぼる。

作り方 ❶鍋に熱湯を沸かし、火を止めて沸騰を落ち着かせ、牛肉を入れてさっと火を通し、ざるに広げ、冷ます。

❷ボウルにアボカドを入れて軽くつぶし、①、玉ねぎ、パクチー、Ａを加え、ざっくりとあえる。器に盛り、チリパウダーをふる。

MEMOレモンの香りがさわやかなエスニック味。パクチーの代わりに、青じそなどを使っても。

⊛豚肉とキャベツ
ビネガーで煮て

材料（2人分）
豚肩ロース薄切り肉…100g：**1㎝幅に切る**
キャベツ…¼個（300ｇ）：**太めの細切り**
にんにく…小１かけ：**薄切り**
オリーブ油…大さじ１½
A水…カップ⅓
　酢…大さじ2
　塩…小さじ½
　こしょう…少量
塩、粗びき黒こしょう…各適量

作り方　**1** フライパンにオリーブ油大さじ½を入れて熱し、豚肉を入れて中火でさっと炒める。
2 にんにく、キャベツ、オリーブ油大さじ１、Aを加え、ふたをして5分ほど蒸し煮にし、全体を混ぜて煮汁を軽く煮詰める。塩で味を調え、粗びき黒こしょうをふる。

MEMOシュークルート風の煮もの。かたまり肉は時間がかかるけれど、薄切りなら短時間で煮えます。

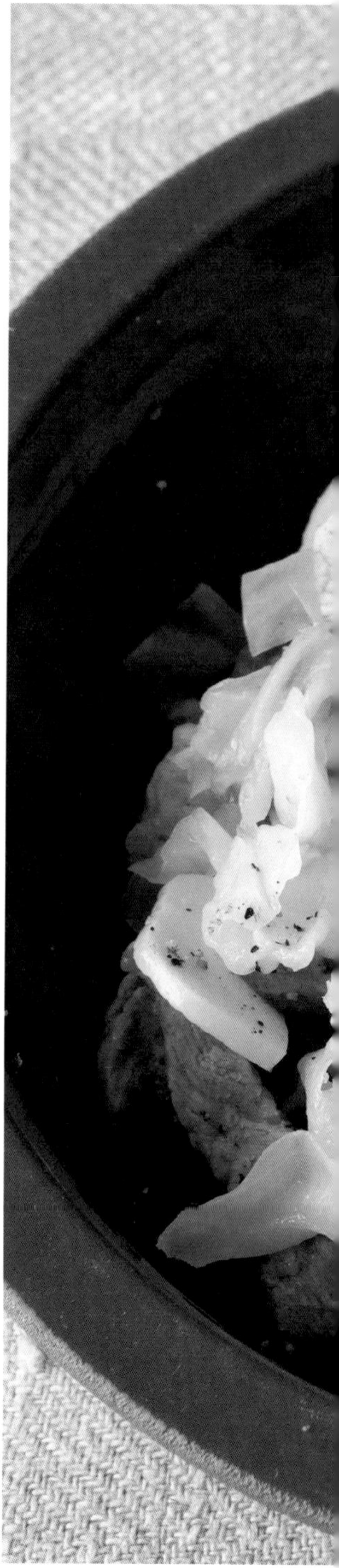

豚肉と大根

⊛甘辛しょうゆ味で煮て

材料（2人分）
豚バラ薄切り肉…100ｇ：**2㎝幅に切る**
大根…８㎝（300ｇ）：**5㎜幅のいちょう切り**
しょうゆ…大さじ１
砂糖…大さじ½
酒…大さじ３
白いりごま…適量

作り方 ❶鍋にいりごま以外の材料と水カップ½を入れて中火にかけ、豚肉をほぐしながら混ぜる。煮立ったらふたをして弱火で10分煮て、ふたをとって煮汁を煮詰める。
❷器に盛り、いりごまをひねってふる。

MEMO豚バラ肉から出る甘みが、煮汁をおいしくします。豚肉の代わりにツナ缶で作るとさらに手軽です。

豚肉と白菜

⊛みそ入り粕汁にして

材料（2人分）

豚こま切れ肉…100ｇ

白菜…150ｇ：**2㎝幅に切る**

だし…カップ2

酒粕…60ｇ

みそ…大さじ1

作り方 ❶鍋にだしを入れて煮立て、白菜、豚肉を加える。再度煮立ったらアクを取り、白菜を好みの加減まで煮る。

❷小さいボウルに①の煮汁少量をとり、酒粕を小さくちぎって加え、よく混ぜる。鍋に入れて混ぜ、みそを溶き入れる。

MEMO酒粕が溶けない場合は、電子レンジで10～20秒加熱すると溶けやすくなります。

豚肉とブロッコリー
ゆでてからしみそで

材料（2人分）
豚ロース薄切り肉…100ｇ
ブロッコリー…150ｇ **：小房に分ける**
Ａみそ、みりん…各大さじ１
└砂糖…小さじ１
練りがらし…適量

作り方 ❶鍋に熱湯を沸かし、ブロッコリーを入れて好みの加減にゆで、ざるに広げて冷ます。同じ湯を再び煮立てて火を止め、豚肉を数枚ずつ広げて入れ、ほぼ火が通ったら取り出し、ざるに広げて冷ます。
❷耐熱ボウルにＡを入れて混ぜ、ラップをかけずに電子レンジで15秒加熱し、冷めたら練りがらしを混ぜる。
❸器に①を盛り、②をかける。

MEMOみそ味にからしで辛みをつけるのが、この料理のポイントです。からしの量はお好みで。

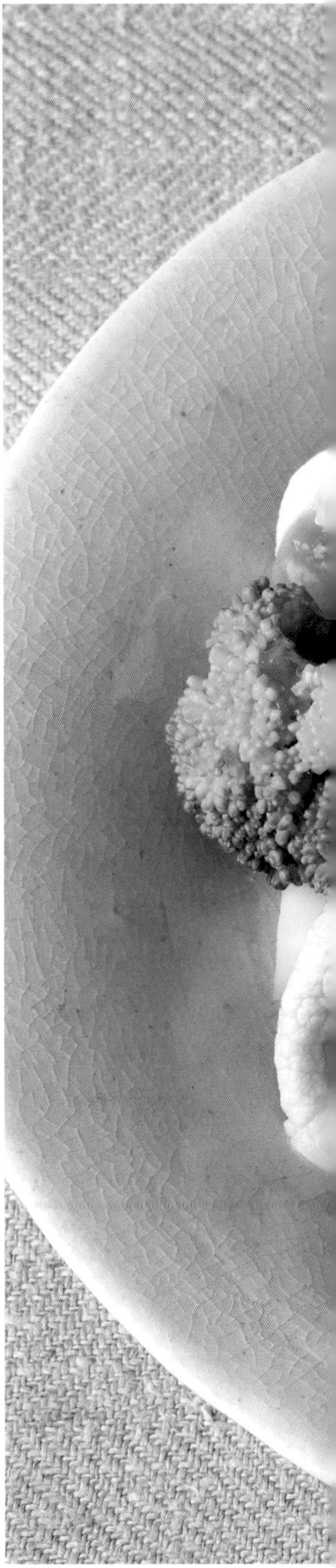

豚肉と薬味野菜

⊛焼いて巻いて塩味で

材料（2人分）

豚肩ロースしゃぶしゃぶ用肉…100ｇ
貝割れ菜…¼パック：**根を切る**
青じそ…５枚：**細切り**
みょうが…１個：**細切り**
細ねぎ…２本：**5㎝長さに切る**
サラダ油…小さじ１
塩、こしょう…各少量

作り方 ❶フライパンにサラダ油を熱し、しゃぶしゃぶ用の肉を重ならないように2枚ずつ広げ、強めの中火で火が通るまで両面をさっと焼く。❷肉を器に盛り、塩、こしょうをふり、薬味を添える。

MEMOゆでるよりも簡単、薄切り肉よりもラクチン。しゃぶしゃぶ肉なら片面15秒ずつ焼けばOK。

⊛豚肉とごぼう

黒酢で炒めて

材料（2人分）

豚肩ロース薄切り肉…100ｇ：**食べやすく切る**

ごぼう…１本（100ｇ）：**縦半分の斜め薄切りにし、下ごしらえする**

サラダ油…小さじ１

Ａみりん、しょうゆ…各大さじ１

└砂糖…大さじ½

黒酢…大さじ１

粗びき黒こしょう…適量

下ごしらえ：ごぼうは水にさらし、水けをきる。

作り方　❶フライパンにサラダ油を熱して豚肉、ごぼうを入れ、中火で2～3分炒める。水大さじ2、Ａを加え、ふたをして3～5分煮る。

❷ふたを取って余分な水分を煮とばし、黒酢を加え、再び強火で水分を煮とばす。器に盛り、粗びき黒こしょうをふる。

MEMO豚肉でボリュームアップした、きんぴらです。黒酢の酸味とコクが程よく、後を引く味わい。

⊛

鶏肉と長ねぎ

塩味のスープ煮に

材料（2人分）

鶏もも肉（から揚げ用）…4個：**下ごしらえする**

長ねぎ…2本：**ぶつ切り**

にんにく…1かけ：**薄切り**

塩、こしょう…各少量

粗びき黒こしょう…適量

下ごしらえ：鶏肉は塩小さじ¼、こしょう少量（各分量外）をもみ込み、5分ほどおく。

作り方 ❶鍋に鶏肉、長ねぎ、にんにくと、水カップ2を入れて中火にかけ、煮立ったらアクを取り、弱火にして10〜15分煮る。

❷塩、こしょうで味を調える。器に盛り、粗びき黒こしょうをふる。

MEMOコツは、ねぎをとろとろになるまで煮ること。鶏肉のうまみが出た、やさしい味のスープも美味。

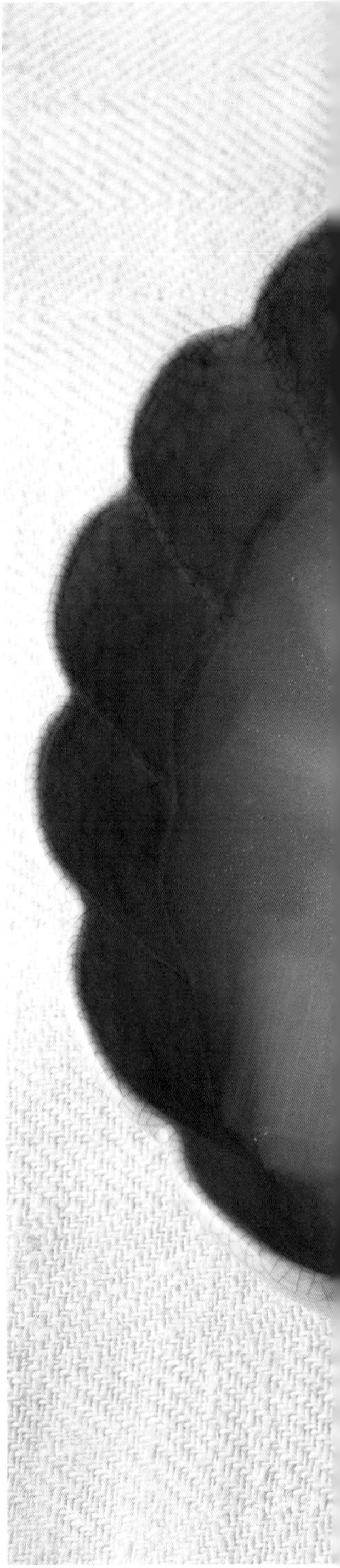

鶏肉と玉ねぎ

塩とレモンで焼いて

材料（2人分）

鶏もも肉…½枚（150ｇ）：**6等分に切り、下ごしらえする**

玉ねぎ…½個（100ｇ）：**6等分のくし形切り**

レモンの輪切り（国産）…２枚：**半分に切る**

オリーブ油…大さじ½

塩、こしょう…各少量

粗びき黒こしょう…適量

下ごしらえ：鶏肉は塩2つまみ、こしょう少量（各分量外）をふる。

作り方 ❶ フライパンにオリーブ油を熱し、鶏肉を皮目を下にして入れ、玉ねぎ、レモンを加えてふたをして2〜3分焼く。

❷ ふたを取って全体を混ぜ、鶏肉に火が通るまで焼き、塩、こしょうで味を調える。器に盛り、粗びき黒こしょうをふる。

MEMO蒸し焼きにした鶏肉はふっくら！　レモンを一緒に焼き、さわやかな風味をつけます。

鶏肉とパプリカ

カレー味のタンドリーチキン風

材料(2人分)

鶏むね肉…½枚(150g):**6等分のそぎ切りにし、下ごしらえする**

パプリカ…1個(150g):**1㎝幅に切る**

A プレーンヨーグルト…大さじ2
- カレー粉…小さじ1
- おろししょうが…小さじ½
- おろしにんにく…少量

塩、こしょう…各少量

下ごしらえ:鶏肉は塩2つまみ、こしょう少量(各分量外)をふる。

作り方 ❶ボウルに鶏肉、Aを入れ、よく混ぜる。できれば、冷蔵庫で30分ほどおく。

❷オーブン用シートを長方形に切り、パプリカを広げ、塩、こしょうをふる。①をたれごとのせ、口をしっかり閉じ、電子レンジで3～4分加熱する。

MEMOオーブン用シートで包んでレンジで蒸し焼きにすると、鶏肉がふっくらと仕上がります。

鶏肉とかぶ

酒と塩でレンジ蒸しに

材料（2人分）

鶏もも肉…½枚（150ｇ）**：6等分に切り、下ごしらえする**

かぶ…２個（300ｇ）**：1個は皮つきでくし形切り、1個はすりおろす。**

かぶの葉…少量**：小口切り**

片栗粉…小さじ１

塩…２つまみ

酒…大さじ１

下ごしらえ：鶏肉は塩2つまみ、こしょう少量（各分量外）をもみ込む。

作り方 ❶ボウルに鶏肉を入れ、片栗粉をからめる。くし形に切ったかぶ、かぶのすりおろし、かぶの葉を加え、塩をふってざっくりと混ぜる。
❷耐熱皿に①を広げ、酒をふり、ラップをかけて電子レンジで5分加熱する。

MEMO鶏肉にまぶした片栗粉が全体をまとめてくれます。かぶは葉も使うと、彩りよくきれいに仕上がります。

(大)鶏ささ身ときのこ クリームで煮て

材料(2人分)

鶏ささ身…2本(120g)**:3〜4等分のそぎ切りにし、下ごしらえする**

しめじ…1パック(100g)**:石づきを取り、ほぐす**

マッシュルーム…1パック(100g)**:石づきを取り、半分に切る**

生クリーム(乳脂肪分35%以上)…カップ½

サラダ油…小さじ1

小麦粉…適量

塩、こしょう…各少量

下ごしらえ:ささ身は塩、こしょう各少量(各分量外)をふる。

作り方 **1** フライパンにサラダ油を熱し、きのこを入れ、しんなりするまで中火で炒める。

2 生クリームを加えて少し煮詰め、ささ身に小麦粉をまぶして加え、火が通るまで2分ほど煮て、塩、こしょうで味を調える。

MEMOささ身に小麦粉をまぶして加えることで、とろみをつけるとともに、うまみを閉じ込めます。

手羽中とかぶ

コチュジャンで煮て

材料（2人分）

鶏手羽中…８本

かぶ…小２個（200ｇ）**：茎を少し残して落とし、乱切り**

おろしにんにく…小さじ1/3

ごま油…小さじ１

Ａ コチュジャン…大さじ１
　しょうゆ…小さじ２
　水…カップ１

作り方 ❶鍋にごま油を熱し、手羽中を入れて中火でさっと焼く。
❷①にＡを加えて煮溶かし、ふたをして５分ほど煮る。かぶ、にんにくを加え、ふたをして５分ほど煮て全体を混ぜ、ふたをとって水分を煮とばす。

MEMO コチュジャンとにんにくのパンチが効いた煮ものです。ご飯もビールも進みます。

鶏ひき肉とれんこん

⊛塩味のつくねにして

材料（2人分）

鶏ももひき肉…100ｇ

れんこん…60ｇ **：4枚に切る**

A 細ねぎ…１本 **：小口切り**

片栗粉…小さじ２

塩…２つまみ

こしょう…少量

サラダ油…小さじ１

すだち（またはレモン）…½個 **：半分に切る**

作り方 **1** ボウルにひき肉、Aを入れ、粘りが出るまで練り混ぜる。4等分にし、れんこんを1枚ずつ貼りつけ、れんこんの穴までひき肉を詰める。**2** フライパンにサラダ油を熱し、①のひき肉面を下にしておき、ふたをして中火で2分焼く。返し、ふたをしないで中火で2分焼く。器に盛り、すだちを添える。

MEMO れんこんのホクホクでシャキシャキな食感がアクセント。すだちをキュッとしぼってどうぞ。

鶏ひき肉となす

ナンプラーであえて

材料(2人分)

鶏ももひき肉…100g

なす…2本(150g):**皮目に縦に切り込みを入れる**

サラダ油…小さじ1

A おろししょうが…小さじ½

酒…大さじ1

ナンプラー…小さじ1

作り方 1 なすは魚焼きグリルにのせ、中火で真っ黒になるまで焼く。

2 フライパンにサラダ油を熱し、ひき肉を入れて中火で炒め、パラリとしたらAを加えて炒め合わせる。

3 ①の皮をむいて食べやすく裂き、②とあえる。

MEMO焼きなすに炒めたひき肉を混ぜてボリュームアップ。ナンプラーのうまみがクセになります。

合いびき肉とトマト

⊛ バジルと塩で炒めて

材料(2人分)
合いびき肉…100ｇ
トマト…１個(150ｇ)**：ざく切り**
バジル…10枚
サラダ油…小さじ２
塩…２～３つまみ
こしょう、一味とうがらし(好みで)…各少量

作り方 **1** フライパンにサラダ油を熱し、ひき肉を入れて中火で炒める。
2 ほぼ火が通ったら塩、こしょう、一味をふり、トマトを加えて強めの中火でさっと炒める。
3 火を止め、バジルを加え、全体を混ぜる。

MEMOご飯にかけたら、ガパオライス風に！　バジルは香りをいかすため、火を止めてから加えます。

豚ひき肉ときのこ

⊛しょうがじょうゆで煮て

材料（2人分）

豚ひき肉…100ｇ

しめじ…小１パック（100ｇ）**:石づきを取り、ほぐす**

えのきたけ…小１パック（100ｇ）**:石づきを取り、長さ半分に切る**

Ａおろししょうが…小さじ１

└酒、みりん、しょうゆ…各大さじ１

削り節…１パック（4ｇ）

作り方　❶鍋にひき肉、Ａを入れ、中火でほぐしながら煎る。

❷①にきのこを加えて全体を混ぜ、ふたをして3分ほど煮る。削り節を加え、煮汁がほぼなくなるまで煮詰める。

MEMOおろししょうがでさっぱり感、削り節でうまみをプラスします。

豚ひき肉と切り昆布

⊛ポン酢で煮て

材料（2人分）

豚ひき肉…100ｇ

切り昆布（乾燥）…15ｇ **：水でもどし、食べやすく切り、水けをきる**

サラダ油…小さじ１

ポン酢しょうゆ…大さじ２

作り方 **1** フライパンにサラダ油を熱し、ひき肉を入れて中火で炒める。パラリとしたら切り昆布を加え、中火で2分ほど炒める。

2 ポン酢を加え、ふたをして2～3分、煮汁がなくなるまで煮る。

MEMO味つけはポン酢のみ！　甘辛味よりもさっぱりして、いくらでも食べられます。

魚介の副菜以上、主菜未満

魚料理は面倒くさいイメージがありますが、下処理なしの切り身魚や刺し身を利用すると、思いのほか手軽です。1切れ分を野菜と合わせ、ちゃちゃっと作ります。

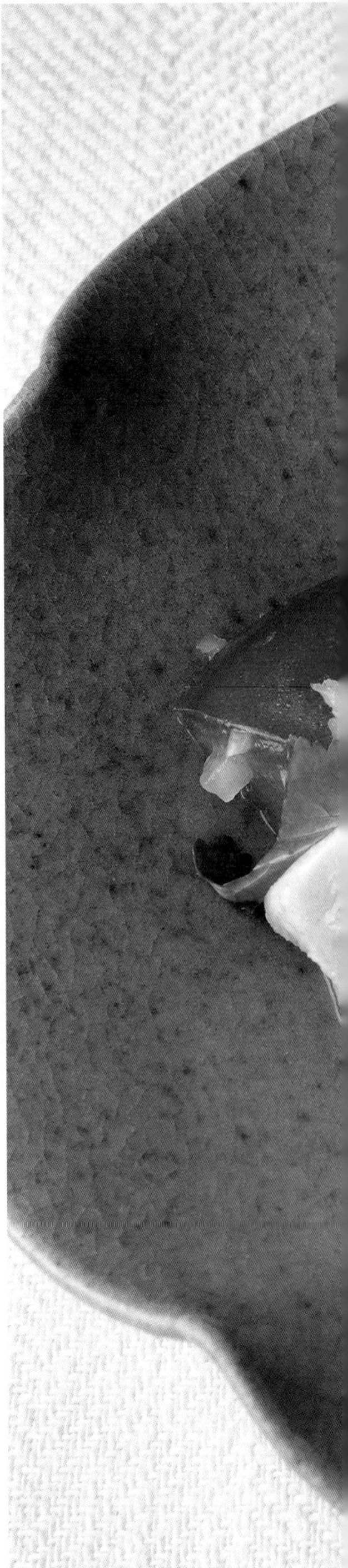

たいの刺し身とトマト
レモン汁であえて

材料（2人分）

たい（刺し身用）… 6切れ（60ｇ）**：塩1つまみ（分量外）をまぶす**

トマト… 1個（150ｇ）**：ひと口大の乱切り**

玉ねぎのみじん切り…大さじ2 **：水にさらし、しぼる**

パクチー（あれば）…小1株 **：刻む**

レモン汁…大さじ½

塩、一味とうがらし…各少量

作り方 **1** ボウルに材料すべてを入れて混ぜ合わせ、冷蔵庫で冷やす。

MEMO ペルー生まれのマリネ、セビーチェをイメージ。レモンをキュッときかせ、パクチーとあえます。

たいとトマト

にんにくで煮て

材料(2人分)
たい(またはさわら)…1切れ(100g):**下ごしらえする**
トマト…1個:**8等分に切る**
にんにく…1かけ:**薄切り**
オリーブ油…大さじ2
塩、こしょう…各少量

下ごしらえ:たいは塩2つまみ(分量外)をふって5分おき、水洗いして水けをふき、半分に切る。

作り方 ❶フライパンにオリーブ油、にんにくを入れて中火にかけ、香りが出てきたら、たい、トマト、水大さじ2を加え、ふたをする。
❷煮立ったら3～4分煮て、塩、こしょうで味を調える。

MEMOトマトとにんにくのうまみで作る、シンプルなアクアパッツァです。魚は干物を利用しても。

たらとわかめ

レンジでチンしてしょうゆをかけて

材料（2人分）

たら…１切れ（100ｇ）**:下ごしらえする**
カットわかめ…大さじ２½ **:水でもどし、水けをしぼる**
長ねぎ…５㎝ **:白髪ねぎにする**
しょうがの薄切り…２枚 **:せん切り**
酒…大さじ１
ごま油…大さじ½
しょうゆ…小さじ１

下ごしらえ:たらは塩2つまみ（分量外）をふって5分おき、水洗いして水けをふき、半分に切る。

作り方 **1** 耐熱皿にわかめを敷き、たらをのせ、酒をふり、ラップをかけて電子レンジで3分ほど加熱する。取り出し、白髪ねぎ、しょうがをのせる。

2 フライパンにごま油を入れて中火にかけ、うすく煙が出るまで熱し、①にかけ、しょうゆをかける。

MEMOアツアツのごま油をジュッとかけてねぎとしょうがの香りを立たせます。手軽なのに本格派！

塩さばとベビーリーフ

スパイスでサラダに

材料（2人分）

塩さば…１切れ

ベビーリーフ…１袋

スパイス（カレー粉、クミンパウダー、
コリアンダーパウダーなど）…小さじ２

レモン汁（または酢）…大さじ½

作り方 ❶塩さばは魚焼きグリルでこんがりと焼く。熱いうちにバットなどに入れ、スパイスを全体にまぶし、レモン汁をからめる。

❷①の粗熱がとれたら食べやすくほぐし、ベビーリーフと合わせる。

MEMO脂っぽい塩さばにスパイスが好相性。焼いたらアツアツのうちにまぶすと味がよくなじみます。

⊛ ぶりとエリンギ
黒酢で炒めて

材料(2人分)

ぶり…1切れ：**下ごしらえする**

エリンギ…1パック(100g)：**乱切り**

ごま油…小さじ1

A しょうがのみじん切り…小さじ1
　しょうゆ…大さじ½
　黒酢…大さじ1
　砂糖…小さじ1

下ごしらえ：ぶりは酒少量（分量外）をからめて5分ほどおき、水洗いして水けをふき、4等分に切る。

作り方 ❶フライパンにごま油を熱してエリンギを中火で2分ほど焼き、ぶりを加えてさっと焼く。

❷ぶりに火が通ったら、混ぜ合わせたAを加えてからめ、水分を煮とばす。

MEMOエリンギの歯ごたえが、ふっくらぶりのアクセントに。黒酢のコクと酸味で箸が進みます。

⊛ ぶりと大根
五香粉《ウーシャンフェン》で煮て

材料(2人分)

ぶり…1切れ(100g)：**下ごしらえする**

大根…6cm(200g)：**2〜3mm厚さの半月切り**

ごま油…小さじ1

A おろししょうが…小さじ½
　水…カップ⅓
　しょうゆ…大さじ1
　砂糖…大さじ½

片栗粉…小さじ1

五香粉…小さじ⅓〜½

下ごしらえ：ぶりは酒少量（分量外）をからめて5分ほどおき、水洗いして水けをふき、4等分に切る。

作り方 ❶鍋にごま油を熱し、大根を中火でさっと炒め、Aを加え、ふたをして3〜4分煮る。

❷ぶりに片栗粉をまぶして①に加え、五香粉も加え、ふたをして2分煮る。全体をざっくり混ぜる。

MEMO五香粉が入ると一気に台湾風の味わいに！　大根は薄めの半月切りにすると、早く煮えます。

⊛ かじきとごぼう

しょうがじょうゆ味のから揚げに

材料（2人分）

かじき…１切れ（100ｇ）**：4等分に切り、下ごしらえする**

ごぼう…１本（100ｇ）**：縦半分、食べやすい長さに切る**

A しょうゆ…小さじ１
　おろししょうが…小さじ½

片栗粉、揚げ油…各適量

下ごしらえ：かじきはAをからめて5分おき、片栗粉をまぶす。

作り方 ❶鍋にごぼうを入れ、かぶるくらいの揚げ油を入れて中火にかけ、油が温まったら3〜5分揚げ、中まで火を通して油をきる。

❷かじきに再び片栗粉をまぶし、①の揚げ油に入れ、3分ほど揚げる。ごぼうと器に盛り合わせ、ごぼうには塩少量（分量外）をふる。

MEMO土の香りのする、コリコリ食感のごぼうがおいしい！　野菜はほかに長いも、魚はさわらでも。

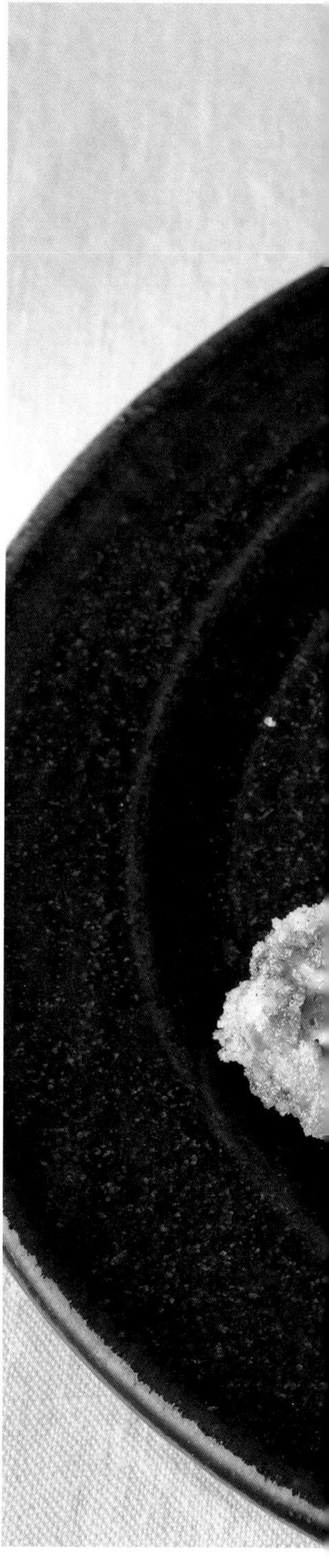

さけと玉ねぎとピーマン

ケチャップで炒めて

材料（2人分）

生ざけ…１切れ（100ｇ）：**下ごしらえする**

玉ねぎ…⅓個：**縦薄切り**

ピーマン…１個：**横５㎜幅に切る**

こしょう、小麦粉…各少量

サラダ油…小さじ１

ケチャップ…大さじ２½

下ごしらえ：さけは塩2つまみ（分量外）をふって5分おき、水洗いして水けをふき、4等分に切る。

作り方 ❶さけはこしょう、小麦粉をまぶす。

❷フライパンにサラダ油を熱し、①を並べ、中火で両面にこんがりとした焼き目をつけ、取り出す。

❸②のフライパンに玉ねぎ、ピーマンを入れて中火で2～3分炒め、ケチャップを全体にからめ、②を戻し入れ、くずさないようにさっと炒める。

MEMOときどき食べたくなる、ケチャップ味のナポリタン風おかずです。さけなら、パスタよりずっとヘルシー。

さけとじゃがいもと玉ねぎ

ミルクで煮て

材料（2人分）

生ざけ…１切れ（100ｇ）：**下ごしらえする**

じゃがいも…小１個（100ｇ）：**1.5㎝角に切る**

玉ねぎ…½個（100ｇ）：**1㎝角に切る**

セロリ…５㎝：**1㎝角に切る**

牛乳…カップ１

サラダ油…大さじ½

塩…２つまみ

こしょう…少量

パセリのみじん切り…少量

下ごしらえ：さけは塩2つまみ（分量外）をふって5分おき、水洗いして水けをふき、4等分に切る。

作り方 ❶鍋にサラダ油を熱し、野菜を中火でさっと炒め、水カップ⅓を加え、ふたをして5分ほど蒸し煮にする。

❷①に牛乳を加え、沸騰しない程度の火加減で3分ほど煮る。さけを加え、火が通ったら塩、こしょうで味を調える。器に盛り、パセリをふる。

MEMO野菜を蒸し煮にして甘みを引き出し、牛乳、さけを入れて煮るだけ。さらりとしたやさしい味わい。

サーモンとアボカド

レモン汁であえて

材料(2人分)
サーモン(刺し身用)…100ｇ：**1㎝角に切り、下ごしらえする**
アボカド…１個：**1㎝角に切る**
玉ねぎのみじん切り…大さじ２：**下ごしらえする**
レモン汁、オリーブ油…各小さじ１
塩、こしょう…各少量

下ごしらえ：サーモンは塩2つまみ（分量外)をからめる。玉ねぎは水にさらし、水けをきる。

作り方 1 ボウルに塩、こしょう以外の材料を入れてあえ、塩、こしょうで味を調える。

MEMOアボカドとサーモンは相性バツグン。味がぼやけないように、サーモンにも塩をからめておきます。

たこときゅうり

ねぎ塩であえて

材料（2人分）

ゆでだこ…100ｇ：**ぶつ切り**

きゅうり…１本：**皮をむき、乱切り**

Ａ長ねぎのみじん切り…大さじ３
　しょうがのみじん切り…小さじ１
　塩…２つまみ
　こしょう…少量
　ごま油…大さじ１

作り方　**1** ボウルにＡを入れ、ゆでだこ、きゅうりを加えてあえる。

MEMOきゅうりは皮をむくと、見た目に美しいだけでなく、味のなじみもよくなります。食感も新鮮！

⊛ えびとトマト

ケチャップで辛く炒めて

材料(2人分)

えび…6尾(120g):**下ごしらえする**

トマト…1個(150g):**2㎝角に切る**

A塩、こしょう…各少量
└片栗粉…小さじ1

ごま油…大さじ1

B豆板醤…小さじ⅓
└しょうがのみじん切り…小さじ1

Cケチャップ…大さじ1
└しょうゆ…小さじ1

長ねぎのみじん切り…大さじ3

下ごしらえ:えびは殻をむき、背から包丁を入れて背ワタを取り、片栗粉少量(分量外)をまぶして洗い、水けをふく。

作り方 ❶えびはAを順にからめる。

❷フライパンにごま油の半量を熱し、①を並べ、中火でほぼ火が通るまで焼き、取り出す。

❸②のフライパンにごま油の残りとBを入れて中火でさっと炒め、香りが出たらトマトを加えてさっと炒め、Cを加えてなじませ、②、長ねぎを加えてさっと混ぜる。

MEMOフレッシュトマトを使うと、さっぱりといただけます。えびにまぶした片栗粉でとろみがつきます。

⊛ えびとアスパラガス

ねぎ塩で炒めて

材料(2人分)

えび…6尾(120g):**下ごしらえする**

アスパラガス…1束(100g):**4㎝長さに切る**

長ねぎのみじん切り…大さじ2

A塩、こしょう…各少量
└片栗粉…小さじ1

ごま油…大さじ1

下ごしらえ:えびは殻をむいて背ワタを取り、片栗粉少量(分量外)をまぶして洗い、水けをふく。

作り方 ❶えびはAを順にからめる。

❷フライパンにごま油を熱し、①を並べ、中火でほぼ火が通るまで炒める。

❸アスパラガスを加えてさっと炒め、長ねぎを加えて炒め合わせる。

MEMO長ねぎとほんの少しの塩こしょうで味つけ。素材のおいしさがいきる、炒めものです。

ほたて缶とチンゲン菜

㊍塩味で煮て

材料（2人分）

ほたて缶…小１缶（70ｇ）
チンゲン菜…２株（200ｇ）**:長さ半分、根元は縦半分に切り、縦１㎝幅に切る**
塩、こしょう…各少量
水溶き片栗粉
　［片栗粉…大さじ½　水…大さじ１］

作り方　❶ フライパンにチンゲン菜、ほたて缶を缶汁ごと、水カップ½を入れて中火にかけ、煮立ったらふたをして2分ほど煮る。
❷ 塩、こしょうで調味し、水溶き片栗粉でとろみをつける。

MEMO うまみたっぷりのほたて缶なら、味つけは塩こしょうで補う程度でOK。ご飯やめんにのせても。

さば缶となす

みそ煮缶の味で煮て

材料（2人分）

さばみそ煮缶…１缶（200ｇ）

なす…２本（200ｇ）**：1㎝の輪切り**

サラダ油…大さじ１

作り方 **1** フライパンにサラダ油、なすを入れ、ふたをして中火で2分ほど、ときどき返しながら蒸し焼きにする。

2 さばみそ煮缶を缶汁ごと入れ、水カップ¼を加え、ふたをして5分煮る。

MEMOさばみそ煮缶の味つけをそのまま生かした煮ものです。簡単でご飯が進むおかずの決定版！

その他のたんぱく質の副菜以上、主菜未満

豆腐や油揚げなどの大豆製品や卵などを野菜と合わせたおかずです。ちくわ、桜えび、じゃこなどの魚介の加工品もこの仲間。味出しとして大活躍します。

⊛ 豆腐と長ねぎ

麻婆味で煮て

材料（2人分）

豆腐（もめん）…１丁（300ｇ）：**1㎝角に切る**

長ねぎ…１本（100ｇ）：**5㎜幅の小口切り**

しょうがのみじん切り…小さじ１

豆板醤…小さじ⅓

ごま油…大さじ１

Ａ鶏ガラスープの素（顆粒）…小さじ１

しょうゆ…大さじ１

水…カップ½

水溶き片栗粉

［片栗粉…小さじ１　水…小さじ２］

作り方 **1** フライパンにごま油、しょうが、豆板醤を入れて弱火で炒め、香りが出たらＡを加え、ひと煮立ちさせる。

2 豆腐、長ねぎを加え、ふたをして3分ほど煮て、水溶き片栗粉でとろみをつける。

MEMO あえて肉は入れません。そのほうが豆腐のおいしさをダイレクトに感じることができます。

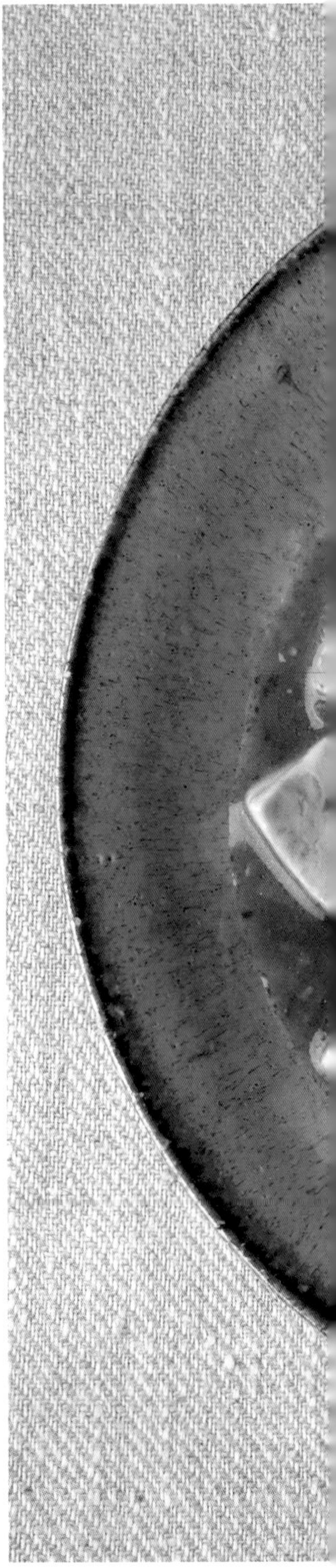

豆腐と緑の野菜

⊛すりごまで白あえに

材料（2人分）

豆腐（もめん）…100ｇ：**下ごしらえする**

スナップえんどう、ブロッコリー…合わせて100ｇ：**食べやすく切る**

A 白すりごま…大さじ１
砂糖…小さじ１～１½
しょうゆ…小さじ½～１

下ごしらえ：豆腐はペーパータオルに包んで軽く水きりし、ざるで濾す。

作り方 ❶ボウルに豆腐、Aを入れ、混ぜる。

❷熱湯に塩少量（分量外）を入れ、スナップえんどう、ブロッコリーをさっとゆで、ざるにあげて冷ます。

❸①に②を加え、あえる。

MEMO野菜はほかに絹さや、アスパラガス、さやいんげん、ほうれん草などでも。彩りのきれいな緑の野菜がおすすめ。

豆腐とにら

⊛ステーキにしてしょうゆだれで

材料（2人分）

豆腐（もめん）…1丁（300g）**：下ごしらえする**

にら…1/3束（30g）**：小口切り**

ごま油…大さじ1/2

Aしょうゆ、みりん…各大さじ1

下ごしらえ：豆腐はペーパータオルに包んで軽く水きりし、厚みを半分に切り、広い面の両面に小麦粉適量（分量外）をまぶす。

作り方 ❶フライパンにごま油を熱し、豆腐を広い面を下にして入れ、中火で2～3分焼いて焼き目をつけ、返してもう片面も同様に焼く。器に盛り、にらをのせる。

❷①のフライパンにAを入れて中火にかけ、ひと煮立ちしたら火を止め、①にかける。

MEMO香ばしく焼いて豆腐をボリュームアップ。生のにらはアツアツのたれをかけ、余熱で火を通します。

豆腐と長いも
しょうゆ味のグラタンに

材料(2人分)
豆腐(もめん)…½丁(150g):**下ごしらえする**
長いも…150g:**叩いてつぶす**
しょうゆ…小さじ2
チーズ…30g

下ごしらえ:豆腐はペーパータオルに包んで軽く水きりし、1.5cm角に切る。

作り方 ❶ ボウルに長いも、豆腐を入れ、しょうゆをからめる。
❷ 耐熱皿に①を平らに入れ、チーズをかけてオーブントースターで10分ほど焼く。

MEMOつぶした長いもをソース代わりにした、グラタンです。こんがり焼けたしょうゆが香ばしい!

豆腐ともずくとオクラ

⊛しょうゆ味の冷ややっこで

材料(2人分)
豆腐(きぬごし)…1丁(300g) **:半分に切る**
もずく…1パック(70g)
オクラ…3本 **:塩少量でこする**
削り節…小1パック(2g)
しょうゆ…少量

作り方 1 オクラは熱湯でさっとゆで、小口切りにする。
2 器に豆腐をおき、もずく、オクラ、削り節をのせ、もずくに添付のたれをかける。好みでしょうゆをかける。

MEMO 食物繊維たっぷりのねばねば食材は意識して食べたいものの1つ。豆腐にのせたら手軽でおいしい。

厚揚げとしめじ

⊛みそで炒めて

材料（2人分）

厚揚げ…1枚（180g）：**縦半分に切り、横1㎝幅に切る**
しめじ…小1パック（100g）：**石づきを取り、ほぐす**
サラダ油…小さじ1
A みそ…大さじ½
└ みりん…大さじ1½
七味とうがらし…適量

作り方 ❶ Aは混ぜ合わせる。

❷ フライパンにサラダ油を熱し、厚揚げ、しめじを入れて中火で3～4分炒める。しめじに火が通ったら、①を加え、水分がほぼなくなるまで炒める。

❸ 器に盛り、七味とうがらしをふる。

MEMO ときどき食べたくなる、みそ味のおかず。みりんで溶いて加えると、全体に味が回りやすいです。

厚揚げと小松菜

⊛オイスターソースで煮て

材料（2人分）

厚揚げ…１枚（180ｇ）：**1㎝幅に切る**

小松菜…200ｇ：**4㎝長さに切る**

Ａオイスターソース…大さじ１½
　鶏ガラスープの素（顆粒）…小さじ１
　水…カップ⅓

作り方 ❶フライパンにＡを入れて中火にかけ、煮立ったら厚揚げを加え、ふたをして弱火で５分ほど煮る。

❷小松菜を加え、しんなりするまで煮る。

MEMO味を染みこませたい厚揚げを先に入れ、小松菜は後入れにしてシャキシャキ感を残すのがコツです。

油揚げとキャベツ

⊛ピリ辛しょうゆ味で炒めて

材料（2人分）

油揚げ…１枚：**縦半分に切り、横1.5㎝幅に切る**

キャベツ…150ｇ：**3㎝角に切る**

豆板醤…小さじ¼

ごま油、しょうゆ…各小さじ１

作り方 ❶フライパンに油揚げを入れ、両面をこんがりするまで中火で計4〜5分焼く。

❷①にごま油を加え、キャベツ、豆板醤を加えて全体によく混ぜ、キャベツがしんなりするまで中火で炒める。しょうゆを加え、ざっくりと混ぜ合わせる。

MEMO煮ものにすることが多い2つの素材を、チャチャッと炒めて作ります。ピリ辛味がいい感じ。

油揚げと細ねぎ

⊛ しょうゆ味で卵でとじて

材料（2人分）

油揚げ…１枚：**食べやすく切る**

卵…１個：**溶きほぐす**

細ねぎ…１袋：**3㎝長さに切る**

だし…カップ½

しょうゆ、みりん…各大さじ１

作り方 ❶鍋にだし、しょうゆ、みりん、油揚げを入れて中火にかけ、煮立ったら弱火にして2分ほど煮る。

❷細ねぎを加えてさっと煮て、卵を回し入れて半熟に仕上げる。

MEMO細ねぎを１束分使いきる、卵とじです。油揚げのコクがおいしさの素。ごはんにのせても。

油揚げとピーマン

おかかじょうゆであえて

材料（2人分）
油揚げ…１枚
ピーマン…４個
しょうゆ…小さじ１
削り節…大１パック（4ｇ）

作り方 ❶魚焼きグリルに油揚げと、ピーマンを丸ごとのせて焼く。途中、油揚げがこんがりしたら、先に取り出す。
❷粗熱がとれたら、手でピーマンのヘタ、種を取り除き、食べやすく割く。油揚げも手でちぎる。
❸ボウルに材料すべてを入れ、あえる。

MEMOピーマンは丸ごと焼くと蒸し焼き状態になり、味が凝縮！　ピーマン、油揚げ共に手で割くと、味がよくなじみます。

枝豆ともやしと豆苗

⊛塩にんにくでナムルに

材料（2人分）

枝豆…25さや（正味50ｇ）
もやし…$\frac{1}{2}$袋（100ｇ）
豆苗…１袋
A 白すりごま…大さじ２
　おろしにんにく…少量
　塩…３つまみ
　ごま油…大さじ１

作り方 ❶もやし、豆苗は熱湯でさっとゆで、水にさらして水けをしぼる。枝豆はさやごと熱湯で好みの固さにゆで、粗熱がとれたらさやから出す。❷ボウルにAを入れて混ぜ、①を加えて手でよくなじませて混ぜる。

MEMO 3つの豆を使ったナムル。ナムルは、手でよくなじませながら混ぜるのがおいしくするコツ。枝豆は冷凍を使っても。

大豆とじゃこと水菜

㊅ポン酢をかけて

材料（2人分）

大豆水煮…50ｇ：**汁けをきる**

ちりめんじゃこ…20ｇ

水菜…100ｇ：**3㎝長さに切り、下ごしらえする**

ポン酢しょうゆ、オリーブ油…各大さじ１

下ごしらえ：水菜は水にさらし、水けをきる

作り方 ❶器に水菜、大豆を盛り、ポン酢をかける。

❷フライパンにオリーブ油、じゃこを入れ、中火にかける。じゃこがカリッとしたら、油ごと①にかける。

MEMOカリカリに炒めたじゃこが食感のアクセント。アツアツをジャッとかけると香ばしさ満点。

大豆と切り昆布

⊛甘辛しょうゆ味で煮て

材料（2人分）

大豆水煮…100ｇ：**汁けをきる**

切り昆布（乾燥）…15ｇ：**水でもどし、水けきる**

サラダ油…小さじ１

Ａだし…カップ½

└しょうゆ、みりん…各大さじ１½

作り方 ❶鍋にサラダ油を熱して大豆、切り昆布を入れ、中火でさっと炒める。

❷Ａを加え、煮立ったら弱火にし、ふたをして10分ほど煮る。ふたをとり、水分がなくなるまで煮る。

MEMO冷蔵庫にあるとうれしい、常備菜。昆布がもりもり食べられます。

納豆とオクラとみょうが

梅干しであえて

材料（2人分）
納豆…１パック
オクラ…１パック（70ｇ）**:塩少量でこする**
みょうが…１本**:薄切り**
梅干し…１個（正味20ｇ）**:種を取り、たたく**

作り方 1 オクラは熱湯でさっとゆで、小口切りにする。
2 ボウルに納豆、添付のたれを入れてよく混ぜ、①、みょうが、梅干しを加えて混ぜる。

MEMO ねばねば素材２つを組み合わせ、梅干しで味つけ。ごはんや豆腐にのせてもおいしい。

納豆とにら
キムチであえて

材料（2人分）

納豆…１パック

にら…½束（50ｇ）**：1㎝幅に切り、熱湯をかけ、水けをきる**

キムチ…50ｇ**：ざく切り**

作り方 **1** ボウルに納豆、添付のたれを入れてよく混ぜ、にら、キムチを加えてあえる。

MEMO 発酵食品の納豆とキムチは相性のいい組み合わせ。にらでさらにパンチを加えて。

たらことれんこん

⊛ バターで炒めて

材料（2人分）

たらこ…½腹（50ｇ）**：ほぐす**

れんこん…150ｇ**：皮をむき、薄い半月切りにし、水で洗う**

バター…15ｇ

粗びき黒こしょう…適量

作り方 ❶バターをやわらかくし、たらこと混ぜる。
❷鍋に熱湯を沸かし、れんこんを入れて15秒ほどゆで、ざるにあげる。
❸①に②を加え、あえる。器に盛り、粗びき黒こしょうをふる。

MEMOたらこパスタをイメージし、れんこんでアレンジ。黒こしょうたっぷりがおすすめです。

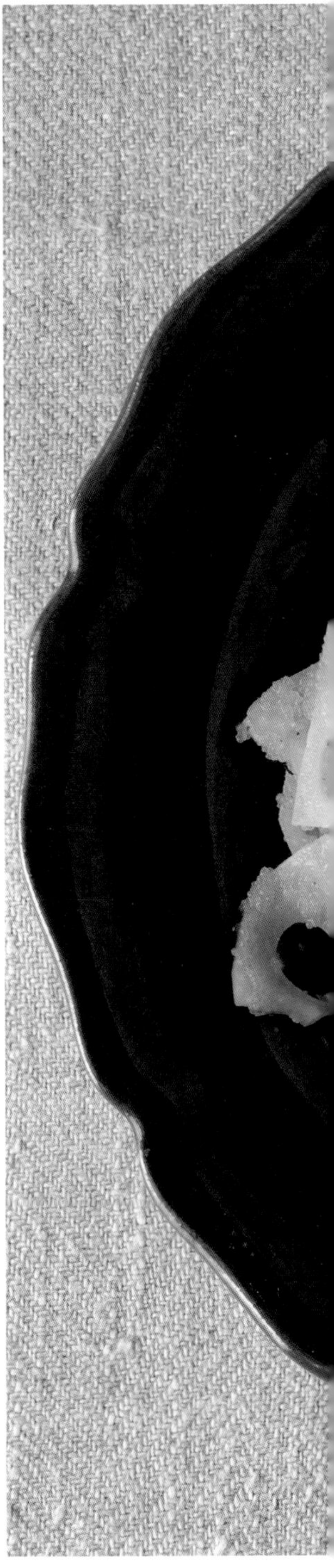

たらことにんじん

たらこ味で炒めて

材料（2人分）

たらこ…小½腹（40ｇ）**：ほぐす**

にんじん…小１本（130ｇ）**：スライサーで細切り**

サラダ油…小さじ１

酒…大さじ１

作り方 ❶フライパンにサラダ油を熱し、にんじんを入れて中火で炒める。❷しんなりしたら、たらこ、酒を加え、たらこをほぐしながら火が通るまで炒める。

MEMOたらこに塩けがあるので、調味料は酒だけ！　にんじんの代わりに下ゆでしたしらたきでも。

しらすとセロリ

ピリ辛酢であえて

材料（2人分）

しらす…30ｇ

セロリ…１本（100ｇ）：**筋を取り、5㎝長さの薄切り**

A 赤とうがらし…⅓本：**種を取り、細めの輪切り**

塩…２つまみ

酢…大さじ½

ごま油…大さじ１

作り方 **1** ボウルにAを入れて混ぜ、セロリ、しらすを加え、あえる。

MEMO あえたらちょっとおくのがポイント。味がなじんで、よりおいしくなります。

じゃことまいたけ

⊛にんにくで炒めて

材料（2人分）
ちりめんじゃこ…20ｇ
まいたけ…１パック（100ｇ）：**食べやすく割く**
にんにく…１かけ：**薄切り**
赤とうがらし…１本：**種を取り、輪切り**
オリーブ油…大さじ１½
塩…少量

作り方 **1** フライパンににんにく、赤とうがらし、オリーブ油を入れて中火にかけ、香りが出てきたらまいたけを入れ、両面に軽く焼き色がつくまで焼き、塩をふる。
2 じゃこを入れ、カリッとするまで炒め合わせる。

MEMOきのこは好きなもので！ 数種合わせてもいいでしょう。焼きつけて水分を出し、うまみを引き出すのがおいしさのコツ。

じやことしらたき

⊛実山椒で炒めて

材料（2人分）

ちりめんじゃこ…20g

しらたき…１袋（150g）**：さっとゆで、食べやすく切る**

実山椒の佃煮…大さじ½（または粉山椒適量）

ごま油…小さじ１

A酒、しょうゆ…各大さじ１

作り方 ❶フライパンにごま油を熱してじゃこを入れ、中火でカリッとするまで炒める。しらたき、実山椒の佃煮を加え、水分をとばすように炒める。

❷Aを加え、水分がほぼなくなるまで炒め合わせる。

MEMOしらたきはよく炒めると臭みがなくなります。粉山椒を使う場合は、仕上げにふって。

桜えびと大根

マヨネーズであえて

材料（2人分）
桜えび…７ｇ
大根…150ｇ：**スライサーで細切りにし、下ごしらえする**
マヨネーズ…大さじ２
細ねぎ…１本：**小口切り**
下ごしらえ：大根は塩2つまみ（分量外）でもんで5分おき、洗って水けをしぼる。

作り方 ❶ボウルに大根、マヨネーズを入れてよく混ぜ、桜えび、細ねぎを加えてあえる。

MEMO淡泊な味の大根にうまみと塩けのある桜えびが相性よし。大根がもりもり食べられます。

桜えびと春菊

ドレッシングでサラダに

材料（2人分）

春菊…１袋（200g・正味80ｇ）**：葉を摘んでちぎり、下ごしらえする**

桜えび…８ｇ

Ａ塩…少量

酢…大さじ½

サラダ油…大さじ１

下ごしらえ：春菊は水にさらし、水けをきる。

作り方 ❶ボウルにＡを入れて混ぜる。

❷①に春菊、桜えびを加え、あえる。

MEMO葉は水につけ、パリッとさせると食感が違います。春菊の軸は、みそ汁などに利用して。

ちくわとわかめとミニトマト

ごま酢であえて

材料（2人分）
カットわかめ…大さじ１：**水でもどし、水けをしぼる**
ミニトマト…６個：**半分に切る**
ちくわ…２本：**輪切り**
Ａ白すりごま…大さじ１½
　酢…大さじ１
　砂糖、しょうゆ…各小さじ１

作り方　❶ボウルにＡを入れ、混ぜる。
❷①にわかめ、ミニトマト、ちくわを加え、あえる。

MEMOミニトマト以外に、きゅうりなどでもおいしいです。

ちくわとピーマン

⊛ みそで炒めて

材料（2人分）

ちくわ…２本 **:縦横半分に切る**
ピーマン…４個 **:長めの乱切り**
サラダ油…小さじ１
A みりん…大さじ２
　みそ…大さじ１
　砂糖…小さじ１
一味とうがらし…少量

作り方 ❶ フライパンにサラダ油を熱し、ピーマン、ちくわを中火で5分ほど炒める。
❷ ①にAを入れて全体を炒め合わせ、一味とうがらしをふる。

MEMO ピーマンはしんなりするまで炒めると、味のなじみがよくなります。一味で辛みをきかせて。

さつま揚げとなす

⊛甘辛しょうゆ味で煮て

材料（2人分）
さつま揚げ…２枚（100ｇ）：**食べやすく切る**
なす…２本（200ｇ）：**乱切り**
サラダ油…大さじ１
Ａしょうゆ…大さじ１
└酒、みりん…各大さじ１½
おろししょうが…小さじ１

作り方 ❶フライパンにサラダ油を熱し、さつま揚げ、なすを中火で5分ほど炒める。
❷Ａを加え、水分がなくなるまで4～5分炒め煮にする。器に盛り、しょうがをのせる。

MEMOなすはくったりするまで火を通すのがおいしさのカギ。しょうがでさっぱり感をプラス。

さつま揚げとれんこんとこんにゃく

⊛おかかじょうゆで煮て

材料(2人分)

さつま揚げ…２枚(100ｇ)：**ひと口大に切る**
こんにゃく…１丁(200ｇ)：**スプーンでひと口大にちぎり、下ごしらえする**
れんこん…100ｇ：**ひと口大に切る**
サラダ油…小さじ１
A削り節…１パック(4ｇ)
　みりん…大さじ２
　しょうゆ…大さじ１
　水…カップ½

下ごしらえ：こんにゃくは熱湯でさっとゆで、アク抜きする。

作り方　❶鍋にサラダ油を熱し、こんにゃく、れんこん、さつま揚げを入れ、中火で4〜5分炒める。

❷Aを加え、ふたをして5分煮る。ふたをとってを水分が少なくなるまで煮る。

MEMO素材全体にからまった削り節が、おいしさの秘訣。だしをとる必要もありません。

ベーコンとズッキーニ

クミンで焼いて

材料(2人分)

ベーコン(厚切り)…1枚(50g) **:食べやすく切る**

ズッキーニ…小1本(130g) **:食べやすく切る**

クミンシード、塩、こしょう…各少量

オリーブ油…大さじ1

作り方 ❶耐熱皿に材料すべてを入れ、軽く混ぜる。❷オーブントースターで10〜15分、軽く焼き色がつくまで焼く。

MEMOクミンの香りが食欲を刺激します。トースター焼きはセットしたら手が離れるのが便利。

ベーコンとじゃがいも

マヨネーズでサラダに

材料（2人分）

厚切りベーコン…50ｇ：**3㎝幅に切る**

じゃがいも…１個（150ｇ）

玉ねぎ…30ｇ：**縦薄切りにし、下ごしらえする**

マヨネーズ…大さじ２

ヨーグルト（プレーン）…大さじ１

塩、こしょう…各少量

パセリのみじん切り…少量

下ごしらえ：玉ねぎは水にさらし、水けをしぼる。

作り方 1 じゃがいもは電子レンジで3～4分加熱し、熱いうちに皮をむいてつぶし、塩、こしょうをふる。

2 フライパンにベーコンを入れ、中火でカリカリになるまで焼く。

3 ボウルにパセリ以外の材料すべてを入れ、あえる。器に盛り、パセリをふる。

MEMOシンプルな具なら、じゃがいものおいしさが際立ちます。ヨーグルトをプラスし、マヨネーズ味ながらあっさりと。

ベーコンとかぼちゃ

酢でサラダ風に

材料（2人分）

厚切りベーコン…50g：**棒状に切る**

かぼちゃ…150g：**種とワタを取る**

サラダ油…大さじ１

塩…２つまみ

酢…大さじ１½

粗びき黒こしょう…適量

作り方 ❶かぼちゃは耐熱皿にのせ、ラップをかけて電子レンジで6分加熱し、食べやすくざっくり割って器に盛る。

❷フライパンにサラダ油、ベーコンを入れて中火にかけ、カリッとするまで炒め、塩をふって火を止める。酢を加え（ワーッと沸くので注意する）、熱いうちに①にかける。粗びき黒こしょうをふる。

MEMO ベーコンをカリカリに炒め、おいしい油ごとかぼちゃにジャッ！とかけます。

ベーコンとカリフラワー

クリームでグラタンに

材料（2人分）

ベーコン…50ｇ：**1㎝幅に切る**

カリフラワー…150ｇ：**7㎜厚さに切る**

生クリーム（乳脂肪分35％以上）…カップ１

塩、こしょう…各適量

作り方　❶耐熱皿にカリフラワー、ベーコンを入れ、ラップをかけて電子レンジで3分加熱する。

❷①に塩2つまみ、こしょう少量をふり、生クリームをかけ、さらに塩2つまみ、こしょう少量をふって、オーブントースターで15〜20分焼く。

MEMOレンジとトースターを使いこなして、手軽に作ります。ホクホクのカリフラワーが美味！

ソーセージともやし

⊛塩こしょうで炒めて

材料（2人分）

ソーセージ…４本（70ｇ）：**斜め薄切り**

もやし…１袋（200ｇ）

サラダ油…大さじ½

塩、こしょう…各少量

粗びき黒こしょう…適量

作り方 ❶フライパンにサラダ油を熱し、ソーセージを中火で1〜2分炒める。もやしを加え、さっと炒める。

❷もやしが少ししんなりしたら塩、こしょうをふって炒め合わせる。器に盛り、粗びき黒こしょうをふる。

MEMO味の決め手は、仕上げのスパイス（この場合は粗びき黒こしょう）。クミンや粉山椒にしても。

ゆで卵とほうれん草

マヨネーズで焼いて

材料（2人分）
ゆで卵…２個：**縦半分に切る**
ほうれん草…100ｇ
塩…２つまみ
こしょう…少量
オリーブ油…小さじ１
マヨネーズ…適量

作り方 ❶ほうれん草は熱湯でゆで、水にとって水けをしぼり、3㎝長さに切る。
❷耐熱皿に①を入れ、塩、こしょう、オリーブ油をかけて混ぜる。
❸①にゆで卵をのせ、マヨネーズをしぼり、オーブントースターで15分ほど焼く。

MEMO相性バツグンのほうれん草とゆで卵。マヨネーズをかけて焼くだけで、ワインにも合う1品に。

卵と三つ葉

梅味の卵焼きに

材料（2人分）

卵…３個：**溶きほぐす**

三つ葉…20ｇ：**細かく刻む**

梅干し…２個（正味40ｇ）：**種を取り、粗くほぐす**

だし…大さじ４

しょうゆ…少量

サラダ油…適量

作り方 ❶卵液にだし、しょうゆ、三つ葉、梅干しを入れて混ぜる。

❷卵焼き器にサラダ油を熱し、①をお玉1杯ずつ入れて焼き、巻きながら焼く。

MEMO梅干し入りが、この卵焼きのおいしさの秘密。はちみつ入りの甘めの梅干しがおすすめです。

わかめとえのき

⊛しょうゆ味で卵でとじて

材料（2人分）

卵…２個 **:溶きほぐす**

カットわかめ…大さじ３ **:水でもどし、水けをしぼる**

えのきたけ…１パック（100ｇ） **:石づきを取る**

Ａだし…カップ½

└しょうゆ、みりん…各大さじ１

作り方 ❶鍋にわかめ、えのきたけ、Ａを入れて中火にかけ、煮立ったら弱火で3分煮る。

❷卵を回し入れ、半熟に仕上げる。

MEMOこうするとわかめがたくさん食べられます。えのきがいい味出しになり、食感も楽しくなります。

切り干し大根と長ねぎ

塩味の卵焼きに

材料（2人分）

卵…３個：**溶きほぐし、塩２つまみ（分量外）を混ぜる**

切り干し大根（乾燥）…15ｇ：**水でもどし、軽くしぼる**

長ねぎ…30ｇ：**小口切り**

塩…２つまみ

こしょう…少量

ごま油、サラダ油…各大さじ１

作り方 ❶フライパンにごま油を熱し、切り干し大根、長ねぎを入れて中火で2分ほど炒め、塩、こしょうをふる。

❷卵液に①を加え、混ぜる。

❸フライパンにサラダ油を熱し、②を入れて全体に広げ、中火で両面をしっかり焼く。

MEMO切り干し大根のコリコリ食感が楽しい、台湾風卵焼き。切り干し大根はごま油で香りよく炒めます。

野菜＆海藻別INDEX

野菜

上田淳子　Junko Ueda
料理研究家。神戸市生まれ。辻学園調理技術専門学校卒業後、同校の西洋料理研究職員を経て渡欧。スイスのホテルやベッカライ（パン屋）、フランスではミシュランの星つきレストラン、シャルキュトリー（ハム・ソーセージなどの食肉加工品専門店）などで約3年間料理修業を積む。帰国後、シェフパティシエを経て、料理研究家として独立。自宅で料理教室を主宰するほか、雑誌やテレビ、広告などで活躍。確かな技術とわかりやすい教え方に定評がある。著書に『フランス人は、3つの調理法で肉を食べる。』（誠文堂新光社）、『フランスの台所から学ぶ 大人のミニマルレシピ』（世界文化社）、『ほったらかしでおいしい！オーブンで焼くだけレシピ』（Gakken）などがある。
Instagram:ju.cook

デザイン　若山嘉代子　L'espace
撮影　ローラン麻奈
スタイリング　吉岡彰子
イラスト　ine
調理アシスタント　高橋ひさこ　田中美奈子
校閲　聚珍社
編集・構成　飯村いずみ
企画・編集　小林弘美（Gakken）

副菜以上、主菜未満。

3品で整うふたりの食卓

2023年12月5日　第1刷発行

著　者　上田淳子
発行人　土屋 徹
編集人　滝口勝弘
発行所　株式会社Gakken
　　　　〒141-8416　東京都品川区西五反田2-11-8
印刷所　大日本印刷株式会社

＊この本についてのご質問・ご要望は下記宛にお願いいたします。
■本の内容については下記サイトのお問い合わせフォームよりお願いします。
https://www.corp-gakken.co.jp/contact/
■在庫については　販売部　TEL03-6431-1250
■不良品（落丁、乱丁）については　TEL0570-000577
　学研業務センター
　〒354-0045 埼玉県入間郡三芳町上富279-1
■上記以外のお問い合わせは　TEL0570-056-710（学研グループ総合案内）

©Junko Ueda　2023　Printed in Japan

本書の無断転載、複製、複写（コピー）、翻訳を禁じます。
本書を代行業者等の第三者に依頼してスキャンやデジタル化することは、たとえ個人や家庭内の利用であっても、著作権法上認められておりません。

複写（コピー）をご希望の場合は、下記までご連絡ください。
日本複製権センター　https://jrrc.or.jp/　E-mail:jrrc_info@jrrc.or.jp
Ⓡ〈日本複製権センター委託出版物〉

学研グループの書籍・雑誌についての新刊情報・詳細情報は、下記をご覧ください。
学研出版サイト　https://hon.gakken.jp/